THE SCIENCE OF BEING GREAT

啟動失落的天賦

你是不斷進步的偉大靈魂，能致富、健康、卓越、與幸福共處！

華萊士・華特斯 Wallace D. Wattles／著　陳昭如／譯

New Life.34

啟動失落的天賦

你是不斷進步的偉大靈魂，能致富、健康、卓越、與幸福共處！

原著書名　The Science of Being Great
作　　者　華萊士・華特斯（Wallace D. Wattles）
譯　　者　陳昭如
內頁構成　李緹瀅
封面設計　林淑慧
特約編輯　王舒儀
主　　編　高煜婷
總 編 輯　林許文二

出　　版　柿子文化事業有限公司
地　　址　11677臺北市羅斯福路五段158號2樓
業務專線　（02）89314903#15
讀者專線　（02）89314903#9
傳　　真　（02）29319207
郵撥帳號　19822651柿子文化事業有限公司
投稿信箱　editor@persimmonbooks.com.tw
服務信箱　service@persimmonbooks.com.tw

業務行政　鄭淑娟、陳顯中

初版一刷　2018年10月
二版一刷　2024年12月
定　　價　新臺幣399元
I S B N　978-626-7408-89-6

國家圖書館出版品預行編目(CIP)資料

啟動失落的天賦：你是不斷進步的偉大靈魂，能致富、健康、卓越、與幸福共處！／華萊士.華特斯(Wallace D. Wattles)著；陳昭如譯. -- 二版. -- 臺北市：柿子文化, 2024.12
面；　公分. --（New life；34）
譯自：The science of being great
ISBN 978-626-7408-89-6（平裝）
1.自我實現 2.靈修

177.2　　113015332

柿子官網
60 秒看新世界

華萊士・華特斯
Wallace D. Wattles

好評推薦

他幾乎是不間斷地寫，而且在內心為自己描繪了一個心靈圖像。他認為自己是一個成功的作家、一個有強烈人格的人，也是一個不斷成長的人，他努力地朝著實現這個願景前進。他就活在每一書頁中……他的生命真是強大！

——**佛羅倫斯・A・華特斯**，華萊士・華特斯女兒

華萊士・華特斯和奧里森・馬登差不多是同一個時代人，他們的著作對同時和後世的人們產生巨大且正面的影響。近一個世紀以來，許多成功學作家如拿破崙・希爾、羅伯特・H・舒勒、安東尼・羅賓等，皆深受其影響。

——**茱迪・鮑威爾**，人類潛能開發專家、華萊士・華特斯研究專家

閱讀華萊士・華特斯的書，你將得到一些獲取成功、規劃人生的方法，還能得到精心的人生指導，進而尋求更大的自我發展、過上更好的日子。我，也從中受益無窮。

——**諾曼・文生・皮爾**，二千萬冊暢銷書《向上思考的祕密》作者

Part 1 重新認識自己和世界

Part 2 讓自己變得更好

Part 3
生命的責任與價值

Part 1
重新認識自己和這個世界

世界上的一切都很美好

All's right with the world.

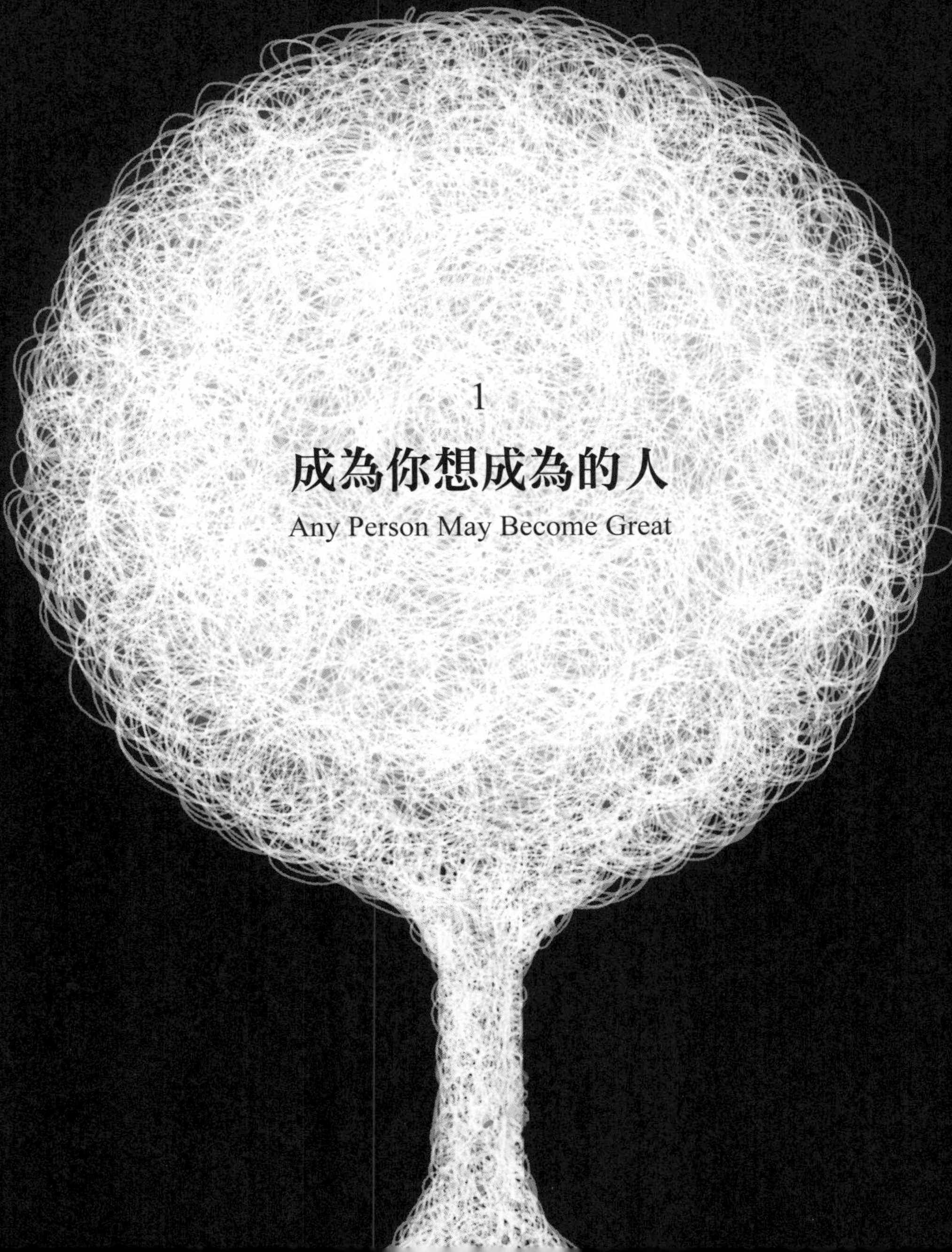

1

成為你想成為的人

Any Person May Become Great

天賦是你與造物主性靈的結合，
沒有人是「普通人」……

每個人天生都具有基本的「能量之源」❶，明智地引導及運用能量之源，就可以開發個人的心智。人類有著按著自己喜歡的方向成長、發展的本能，而且這種潛力沒有任何極限。沒有人能在所有方面都表現得比其他人傑出，因為總會有人在某一方面表現得比他好，這種成長的潛力，存在於人之所以為人的「初始本體」（Original Substance）裡，人的天賦是由全知的造物主所賦予的。

天賦不只是一種才能。才能是相對於其他能力發展得更好的某種能力，但天賦卻是人與造物主性靈的結合。

卓越的人本身永遠比他的一切作為來得更偉大，他們與無限的力量泉源密切相關。我們並不知道人類心智力量的極限何在，甚至不知道它是否有任何極限。

只有人類才有自覺成長（有意識的讓自己成長）的能力，低等動物則沒有，而且人類可自行開發並提升成長的能力。低等動物多半只能被動地透過人類的訓練和培養，而得以在一定程度上發展能力，但人類卻可以自我訓練來提升自己——只有人類才有這種能力，而且這樣的能力是沒有極限的。

成長是人生的目的，正如樹與植物的生命目的也是成長；不過，樹與植物會遵循固定的軌跡、法則而自行成長，人類則可以依照自己的意願成長。樹與植物的發展受限於既定的可能性與特質，人類則可以發展出任何能力，這種無限可能的成長，已經由全世界無數的人們所證實。存在於心靈層面的事，絕對可以身體力行；凡是可以想得到的事，就絕對可以做得到；內心能夠想像的事，就絕對可以實現成真。

人是為了成長而被形塑出來的，所以人必須有所成長。

最重要的是，人必須持續不斷向上提升，才能得到幸福。

欠缺進取的生命讓人無法忍受，停止進步、成長的人不是變得很笨，就是喪失理智。人若成長得愈多、愈和諧、愈全面，就會愈幸福、愈快樂。

★ ★ ★ ★ ★

雖然每個人擁有的可能性、潛能一樣，但當我們順其自然地發展時，是不可能有人會跟另一個人完全相同或相似的。每個來到世間的人都會沿著某些特定軌跡或法則成長，順著這些軌跡和法則發展，遠比遵循其他方向、方式要來得容易許多。這是一種明智的安排，因為這會帶來無窮無盡的變化，這就好像園丁把所有球莖都放在同一個籃子裡，在不懂的旁觀者眼裡，它們都長得很像，但等到球莖長大了，就會展現出極大的差異。世間的男男女女就像籃子裡的球莖：有的可能會成為玫瑰，為陰暗的角落增添光彩；有的或許會成為百合，讓每一雙看到它的雙眼感受到愛與純潔；有的也許會成為攀藤，能遮住暗黑岩石的嶙峋稜角；有的可能會長成巨大的橡樹，讓鳥兒在它粗壯的枝幹上築巢和歌唱，讓牛、羊在烈日正午時能在樹蔭下休憩。總之，**每個人都有自己存在的價值、都是獨一無二的，也都是完美無缺的。**

廣義而言，我們平凡的生命中充滿了許多原本夢想不到的可能性，沒有人是「普通」之人。當國家遭遇重大危機之際，就算是在街角雜貨店撿拾破爛的流浪漢或村裡的酒鬼，一旦他內在的能量之源被喚醒，就可能變成英雄或政治家。每個人都有自己的天賦，等待著展現的時機。每個村子都有卓越之人，可能是男性，也可能是女性，大家在遇到困難時會去請教他們，他們擁有公認的卓越智慧與見識；有這一些人存在，當危機出現時，大家的思想將會受到引導而有所轉變，並公認他們是卓越傑出之士。即使是一些無關緊要的小事，他們仍會以優秀的方式去處理、執行；若需要承擔重大的要事，他們也可以做得很棒！

每個人都可以變成這樣的人，你也不例外。能量之源會賦予我們什麼，憑靠我們要求了什麼：若我們只想做無關緊要的小事，它便賦予我們做小事的能力；若我們想成就一番大事業，它便賦予我們做大事所需要的能力。但是你得要注意：做大事必須不拘小節。關於這一點，我們在後續內容將有更進一步討論。

★ ★ ★ ★ ★

一般來說，人在面對事情、生命的時候會採取兩種心態。一種心態是讓自己像個具有彈性的足球，會在力量加諸其上時產生強大的反彈，但它本身無法創造任何東西——它不會自發性的行動，它的內在並不存在著力量。持有這種心態的人會被情勢和環境所控制，他們的命運是由外在事物所決定的，他們內在的能量之源不曾發揮真正的效用；他們的言行舉止從來就不是出自於真正的內在。另一種心態則是讓自己像豐沛的流泉，他的力量出自於自己的內在；他的內在有一股泉，不斷湧出泉水，讓生命生生不息，渾身散發著力量，影響著周遭的一切，能量之源持續在他的內在發揮作用。他會自動自發的行動，「他在自己有生命。」②

不論男女，對於任何一個人來說，最重要的能力就是自發性的行動力。所有的生命歷程都是造物主所設計出來的，這樣的設計迫使人們自發性的行動，也迫使人們不受環境的掌控，而是回過頭來支配環境。處於最低階段的人，是機遇和環境的「產物」、是恐懼的奴隸，他的行為受到周遭條件的影響，只能被動地做出反應，無法創造任何東西。然而，即使是處於這樣的最低階段，每個人仍有內在的能量之源足以克服恐懼，只要他能認識到這個道理，並轉而成為自發主動的人，就可以成為眾神之一。

喚醒人們內在的能量之源，是真正的轉變，這是「死而復甦」，就如同死者聽到救世者的聲音而重新活了過來，這就是復活與生命。一旦能量之源被喚醒了，就會成為造物主之子，天上地下一切的權柄都賜給了他。❸你擁有所有人都擁有的能力，你擁有的精神或心智力量絕不比別人更少，你可以**成為你想成為的人，也可以成就比你自己想像中更偉大的事。**

❶能量之源（Principle of Power）：Principle的意思是原理、原則，也有根源、原動力的意思。作者自創「Principle of Power」一詞，意謂一種「水庫」似的，豐富有如泉水般湧出的力量的源頭。

❷〈約翰福音〉五章二十六節。

❸〈馬太福音〉二十八章十八節。

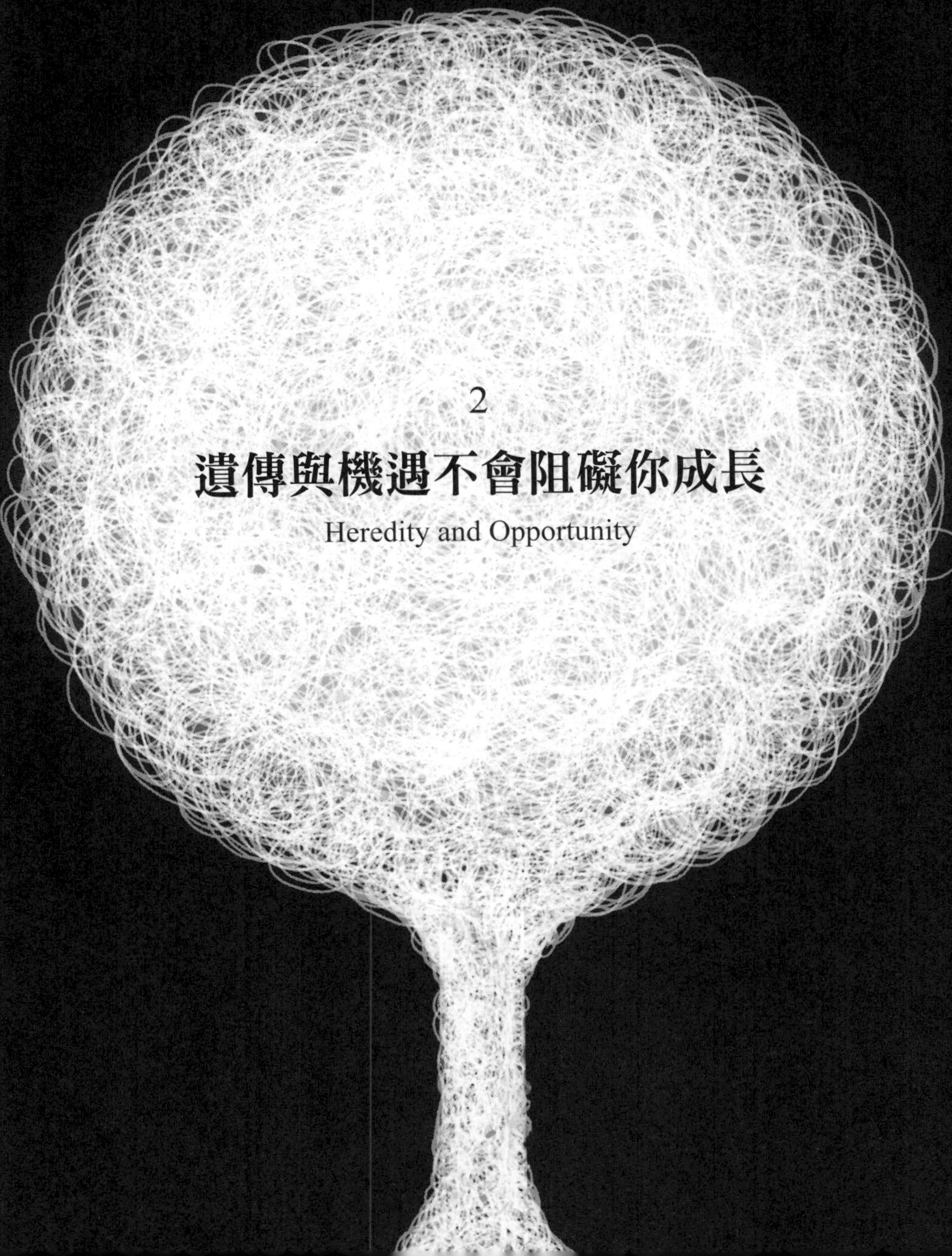

2

遺傳與機遇不會阻礙你成長

Heredity and Opportunity

喚醒能量之源、遵守宇宙法則，
萬事萬物都會助你成長！

遺傳不會妨礙你成為卓越之人，不論你的祖先是誰、是做什麼的、有多麼無知或地位多麼卑微，高升之路都將永遠為你而敞開。

一個人心智的程度並不是遺傳而來的，不論我們從雙親繼承的心智能量有多麼微小，永遠都可以有所增長——**沒有人天生沒有成長能力。**

遺傳確實會造成某些影響，我們生來就擁有潛意識上的心智傾向，例如憂鬱、怯懦或脾氣暴躁，然而，**這些都是可以克服的**——只要你內在的真實自我被喚醒並如實展現出來，就能夠輕易擺脫這些問題，也就不致妨礙你成長；如果你遺傳到了負面的心智傾向，你也能夠擺脫它，再用適當的心智傾向取而代之。

所謂遺傳的心智特徵，是指父母在孩子的潛意識中所刻印下的深刻思維習慣，但你可以透過培養相反的思維習慣來替換，以積極的習慣取代沮喪的傾向——你絕對可以克服怯懦或壞脾氣。

遺傳對頭骨構造確實有影響，認為透過頭顱形狀可以判斷一個人心理特質的顱相學（phrenology），確實有它一定的道理，但卻不如其擁護者所宣稱的那樣。

這個學說正確的部分是，不同的心智能力位於大腦的不同區塊，該能力的強弱則視那個區域腦細胞的數量而定；在顱骨區占有較大區塊的能力，會比占有較小區塊的能力凸顯，因此，不同的顱骨構造會造就不同的人，像是音樂家、演說家、機械師等等。

然而，以此認定一個人的顱骨構造大致決定了他的人生際遇，這個觀點並不正確！人們已經發現，若是大腦某個小塊區域擁有很多細緻的活性細胞，跟占較大區塊但細胞較普通的區域相比，所展現出來的能力是同樣強大的。人們也發現，只要把能量之源注入大腦任何區塊，有意志、有目標地發展某種能力，腦細胞就會無限增長。

也就是說，不論你的技能、本領或才能有多麼的微小或平凡，都有可能增進——你可以增長特定區域的腦細胞，直到它能如你期望般強而有力地發揮作用。

你確實可以輕鬆運用自己已經發展完備的才能，毫不費力就能自然而然地完成很多事，然而另一方面，只要你能付出必要的努力，絕對可以養成各式各樣的才能。你可以做任何想做的事，成就任何想要達成的事。只要設定好理想的目標，遵循下面提到的方法，一切能量就會轉化成實現目標所需要的能力，更多血液和神經會進入大腦相對應的部位，腦細胞的活力也會大幅的提升。懂得善用心智的人，可以增強自己的大腦，讓它做心智想要達到的目標。

不是大腦造就人，而是人造就大腦。

你的成就不會被遺傳所限制。

★ ★ ★ ★ ★

你不會因為環境的限制或缺乏機會而被詛咒，淪落至低下的層次。人們擁有的能量之源，足以應付心靈的所有需要。**只要心態正確，也有向上的決心，沒有任何困難能夠阻止成長。**塑形人類並導引他們成長的能量之源，同樣掌控著社會、經濟和政治等條件；這個力量不會跟自己作對。蘊藏在你內在的力量，也存在於周遭的事物裡，當你開始往前邁進時，這些事物會自行安排對你有利的環境——稍後將說明這點。

人類天性是追求成長的，一切周遭事物都是為了幫助我們成長而存在。只要一個人的心靈覺醒並踏上成長之路，就會發現不只造物主會出面協助，自然界、社會及我們的同伴都會伸出援手支持——只要遵守宇宙法則，萬事萬物都會出來護衛著他成長。

貧窮無法阻礙我們變得卓越，因為我們是可以擺脫貧窮的。

馬丁・路德（Martin Luther）❶年幼的時候在街上唱歌換取麵包；自然學家卡爾・林奈（Carl Linnaeus）❷只有四十元用來自修，他得自己修補鞋子，還得靠朋友接濟才有東西可以裹腹；赫富・密勒（Hugh Miller）[3]原來只是石匠的學徒，從礦場開始地質學的研究；喬治・史蒂芬生（George Stephenson）[4]是卓越的土木工程師，也是蒸汽火車頭的發明人，曾是煤礦工人，他是在礦坑裡覺醒且開始思考的；詹姆斯・瓦特（James Watt）[5]自幼體弱多病，根本沒有足夠的體力上學；第十六任美國總統亞伯拉罕・林肯（Abraham Lincoln）出身亦十分窮苦……

這些例子再再讓我們看到，人們的能量之源如何幫助他們超越逆境、克服困難。

你也擁有能量之源。只要你能夠遵循著某種特定的方式運用它，就能克服遺傳的不利因素，掌控機運和環境，成為一號卓越而有力量的人物。

❶德國神學家，十六、七世紀天主教宗教改革運動的發起者之一。他於一五一七年發表《關於贖罪券的意義及效果》（簡稱《九十五條論綱》），大力抨擊教廷發售贖罪券的做法，促成基督新教的誕生。

❷瑞典動植物學家，被公認是生物分類學之父。

❸蘇格蘭自學成功的地質學家。

❹英國土木及機械工程師，被稱為鐵道之父。他和兒子成立的公司修築了第一條用蒸汽火車頭載客的商業鐵路。

❺機械工程師，把湯瑪斯·紐科門（Thomas Newcomen）發明的蒸汽機加以改良，提升其效率與力量，是工業革命的重要推手。他發明了以「馬力」代表力量的觀念，現在國際通用的力量單位就是以他的名字（Watt）命名。

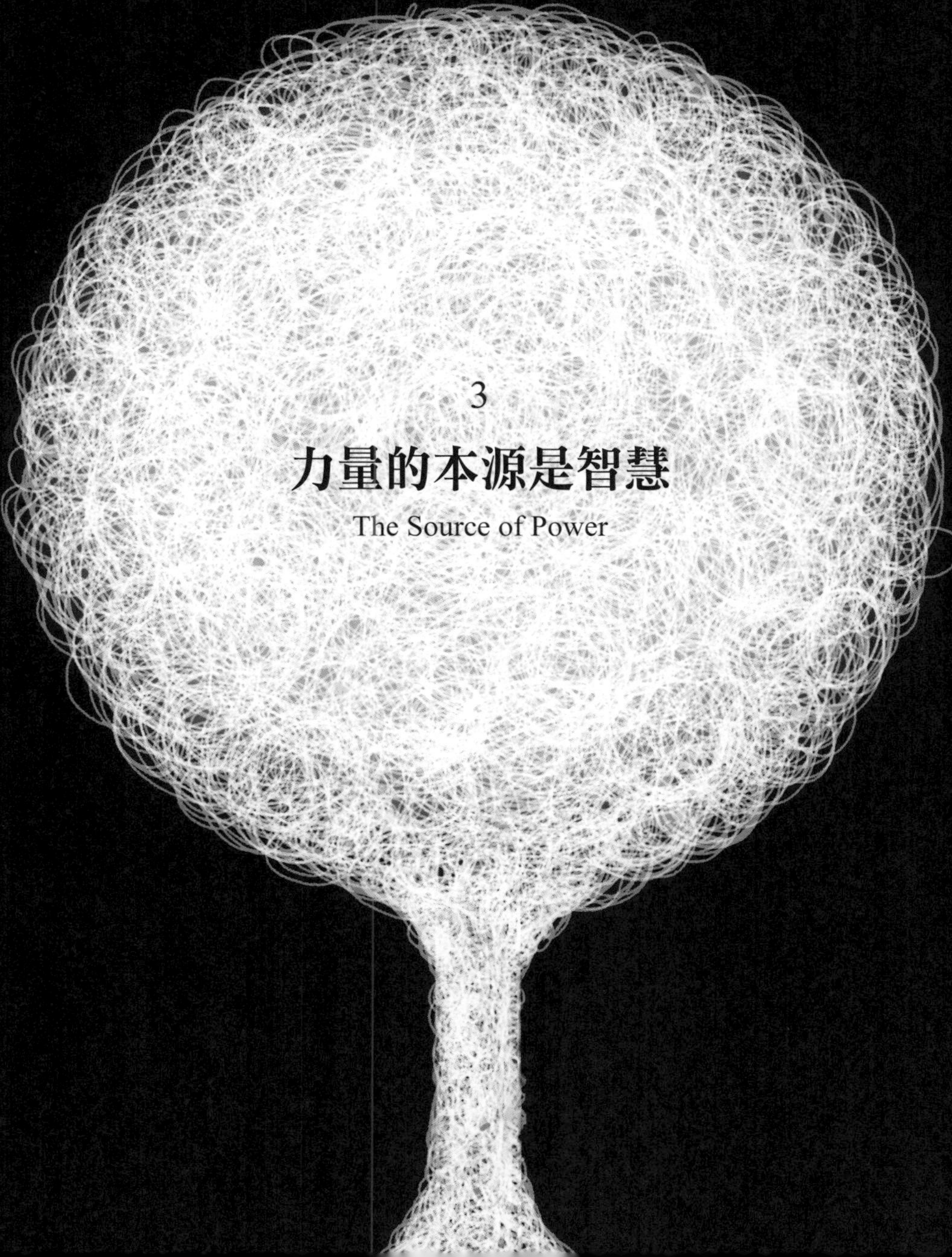

3

力量的本源是智慧

The Source of Power

理解造物主的心智，
才能擁有真正的智慧。

人類的大腦、身體、心智、技能和才能，都是讓他得以展現卓越的工具，**但工具本身並不會使人變得卓越。**一個人可能腦子很大、心智敏捷、技能強或擁有超群的才能，但除非他能以卓越的方法運用這些優點，否則仍舊無法成為卓越的人。**能以卓越的方法運用自己能力的特質，能讓人變得更卓越，而這種特質就是智慧**——智慧是卓越的重要基礎。

智慧，是一種察覺出自己最佳目標，並感知達成該目標的最佳手段的能力——這種能力使人知道什麼是該做的事。一個人擁有足夠的智慧了解什麼是應該做的事、善良到只想做正確的事，並且有足夠的能力和堅強去堅持做對的事，才是真正卓越的人。這樣的人不論在哪裡都會被公認是最有能力的人，並且受到眾人的愛戴和敬重。

智慧取決於知識。一個人若無知，便無法擁有智慧，亦無從得知什麼是應該做的事。相對於造物主來說，人類的知識是有限的，所以智慧也是有限的，除非他能將心智與更廣博的知識做連結，並且透過靈感而從中吸取因自身局限而無法獲得的智慧。這是人類可辦到的，事實上，這正是真正卓越的人所做之事。

★★★★★

人類的知識不只有限，還具有不確定性，因此不可能自行具備智慧。

只有造物主掌握了全部的真理，因此，只有造物主擁有真正的智慧，並且永遠做應該做的事，但是人類可以從造物主那裡得到智慧。

舉個例子來說：亞伯拉罕・林肯沒有受過多少教育，但卻具備有洞察真理的能力。我們從林肯身上看到了一個非常顯而易見的事實，真正的智慧包括了：在任何時刻、任何情況下，都知道什麼是應該做的事、有決心做對的事、有足夠才能與能耐勝任並做正確的事。

在激烈辯論是否廢除奴隸制度的動蕩歲月裡，當人們在尋求妥協及和解期間疑惑、不確定什麼是對的或什麼才是該做的事時，林肯從來不曾猶疑。他看穿了支持奴隸制度者的膚淺論述，也了解主張廢除奴隸制度者的狂熱和不切實際，他知道該把目標設定在哪裡，也知道達成目標最好的手段。由於人們認知到林肯已察覺到什麼是真理、知道要做對的事，所以選他做總統。

不管什麼人，只要有能力洞察真理，又能讓人認識到他永遠知道要做正確的事，這麼一來，大家就會信任他可以做對的事，並受人尊崇和推舉——全世界都急切地在尋找這種人才。

林肯就任總統後，身邊有許多優秀的顧問，但他們很少有意見一致的時候：有的時候，他們全都反對林肯的政策；有的時候，連整個北方地區都反對他的提議。然而，當其他人被表象所誤導時，林肯卻能看清真相，他的判斷極少或從不出錯，他是當時最有能力的政治家，也是最不畏困難、勇往直前的鬥士。

沒受過良好教育的林肯是從哪裡得到這樣的智慧的呢？這當然不是因為他的頭骨形狀特殊，也不是大腦組織特別優秀，更不是他的某種身體特質，甚至不是他超乎常人的思考、推理能力——**理性思考未必能獲得真理**。

這其實歸因於一種心靈的洞見。

林肯確實洞察到了真理，但他從何領悟到的，這樣的察覺又是從何而來的呢？關於這一點，我們也可以從喬治・華盛頓（George Washington）身上看到類似的情況；華盛頓領悟了真理，因而能堅定信仰與勇氣，在漫長而又希望渺茫的革命期將殖民地團結在一起。在天才拿破崙・波拿馬（Napoléon Bonaparte）身上，也能夠看到同樣的狀況，他在軍事行動中總是會採取最好的制敵策略；我們發現，拿破崙的卓越在於他的本質，而不是因為他是拿破崙。

在華盛頓與林肯的背後，我們發現比他們兩人更卓越的東西。我們發現所有卓越之人都擁有同樣的特質，**他們洞察真理**，但只有當真理存在時，它才能被發掘，而且只有當心智洞察到真理，真理才得以存在——真理與心智不可能各自單獨存在。華盛頓與林肯都跟了解一切知識並包含所有真理的宇宙心智保持接觸與溝通，所有展現智慧的人都是這樣——**理解造物主的心智才能擁有智慧。**

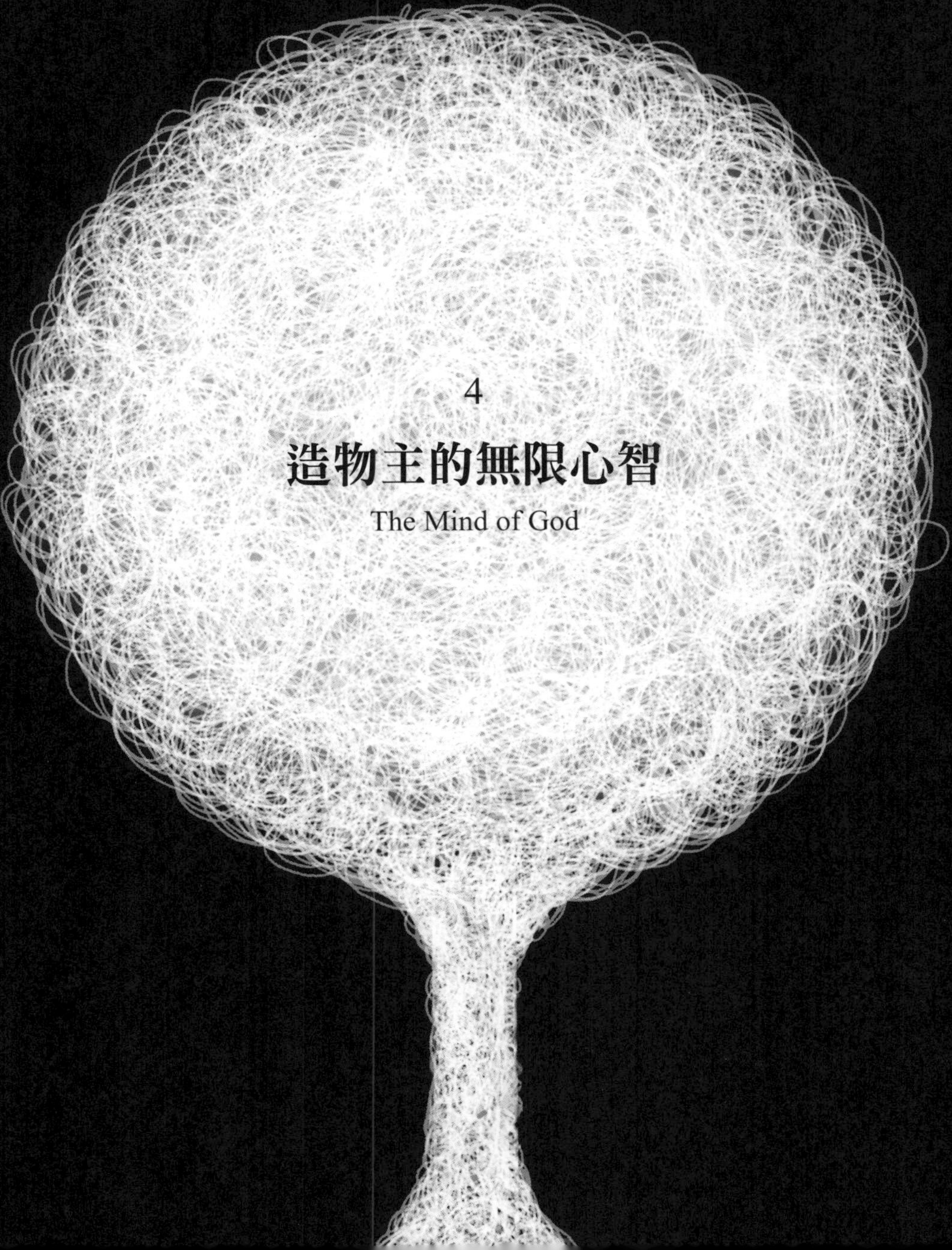

4

造物主的無限心智

The Mind of God

無限智慧與能力的寶庫都是開放的，
可以盡情取用。

宇宙智慧（Cosmic Intelligence）存在於萬事萬物之中，並透過萬事萬物而展現出來。它是唯一真正的本體，一切皆來自於它。它是智慧本體（Intelligent Substance）或心智物質（Mind Stuff），它就是造物主。

沒有這個本體就不可能有智慧，因為沒有這個本體，一切將不復存在。思考之所以存在，是因為有一個思考的本體存在。思考不是一種作用，因為作用是一種行動、運動，而「單純的運動會思考」是很難讓人接受的一件事情；思考也不是一種振動，因為振動也是一種行動，而「行動具有智慧」是難以想像的。行動只是一個本體的移動，若行動過程顯示智慧的存在，它必定是存在於一個本體中，而非行動。

思考不是大腦行動的結果。如果大腦出現了思考，這樣的思考必定是存在於大腦的本體中，而不是存在於大腦本體所產生的行動。

但是，思考並不存在於大腦本體中，因為沒有生命的大腦本體既無智慧又死寂。思考是存在於賦予大腦生命的生命之源（life-principle），思考存在於心靈本體，擁有心靈本體的人才是真正的人。大腦不會思考，是人在思考——經由大腦表達自己的思維。

＊　＊　＊　＊　＊

有種會思考的心靈本體存在著。正如人類的心靈本體充滿全身，在人體內思考和理解一切，這種初始的心靈本體（Original Spirit Substance）——也就是造物主——充滿在整個自然界（即造物主的心智存在於萬事萬物中），天生就會思考並理解一切。

就像人類一樣，自然同樣具有智慧，甚至比人類懂得更多——它知曉萬事萬物。全知全能的宇宙心智（All-Mind）從太初以來即與萬物聯繫，它是一切知識的總合；人類的經驗有限，知識亦然，但造物主的經驗則包含了創世以來所發生的一切——從行星崩毀、彗星的消逝，到一隻麻雀墜落。

所有現今仍存在與曾經存在過的萬事萬物，都存在於造物主的智慧中，它從四面八方圍繞、籠罩並靠近我們。

跟主導人類生活、行動與存在的心智的浩瀚知識相比，人類所編寫的百科全書實在是微不足道。

★ ★ ★ ★ ★

人類透過靈感而察覺到的真理，都是這種心智的思維。如果真理不是心智的思維，人類就沒有辦法洞察真理，因為真理無法存在；而且除非心智讓真理存在，否則真理便無法以思維的形式存在。心智，只不過是個會思考的本體。

人類是會思考的本體，是宇宙本體（Cosmic Substance）的一部分；人類是有限的，然而創造人類的宇宙智慧本體——耶穌稱之為聖父——卻是無限的。一切的智慧、能力和力量都來自於上蒼，耶穌體認到並很明白地傳達了這個訊息，他一次次將自己的智慧與能力歸因於與上帝合而為一，以及他理解上帝的思想，「我與父原為一。」❶

這是耶穌知識與能力的基礎。他讓世人了解喚醒心靈、聆聽上帝話語並學習祂的作為的必要性。他把不思考、受環境支配的人們比喻成墳墓裡的死人，懇求他們傾聽並走出墳墓。

「上帝是靈，」他說，「再次降生來到世上，喚醒我們的心靈，這樣我們就能見到祂的國度。傾聽我的話語，認識我是誰，看我做什麼，走向前來得著生命。我對你們說的話就是靈、就是生命，接受它們，它們會在你裡頭成為泉源，你就會得著生命。」

「我看見聖父怎麼做，我就照著做，」耶穌的意思是他理解神的思維，「父將一切事指給子看。」「人若立志遵著神的旨意行，他必曉得真理。」「我的教誨不是我自己的，乃是那差我來者的。」「你們必曉得真理，真理必叫你們得以自由。」「聖靈要引導你們明白一切的真理。」②

我們沉浸在心智裡，它包含一切的知識與真理。心智試圖將知識傳遞給我們，因為聖父喜歡給祂孩子美好的禮物。從過去到現在，先知、預言家及卓越之人都是從造物主那領受禮物而變得卓越——而非來自世俗的教育。

這個無限智慧與能力的寶庫是開放的，你可以盡情取用。你可以成為你想成為的人，你可以做任何你想做的事，你要什麼就能夠擁有什麼。要實現這些願望，你必須學會跟聖父合一，如此才可能洞察真理，如此你才擁有智慧，知道如何尋找正確目標、實現目標必須使用什麼正確手段，並擁有運用那些手段的能力。

讀完這一章，請你下定決心，把其他事先擱在一邊，集中精力有意識地與造物主結合。

「喔，當我安穩地待在林中之屋，
就像腳踏著希臘羅馬的榮耀，
當我躺臥在群松之下，
晚星是如此聖潔而明亮，

我笑看人們的知識與驕傲，
以及詭辯學者和學術派閥，
當林中人可跟神合而為一的時候，
高傲自負的他們算什麼？」③

①〈約翰福音〉十章三十節。
②前兩段的引文是作者零星引用〈約翰福音〉三至八與第十六各章並略做改寫。
③此段引自十九世紀美國思想家愛默生（Ralph Waldo Emerson）的詩。

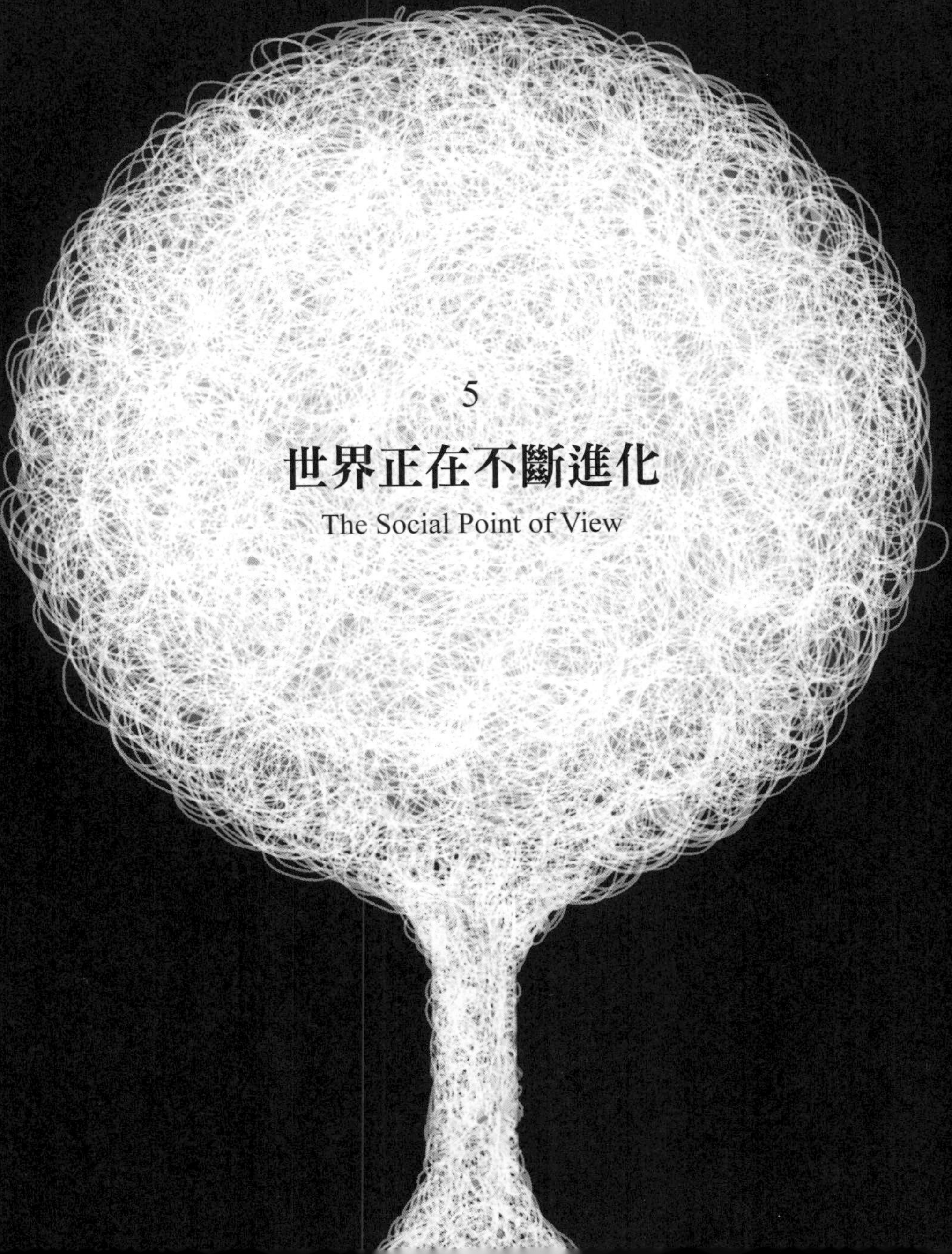

5

世界正在不斷進化

The Social Point of View

不要抱怨現存的事物，
它們在「當下」就是完美的，
只是需要進一步「完成」！

「人非有信，就不可能得神的喜悅。」❶若沒有信念，你就不可能成為卓越的人。**真正卓越的人都有一個特質，那就是堅定不移的信念。**

我們從戰爭黑暗期的林肯身上看到信念，也在熔爐谷（Valley Forge）❷的華盛頓身上看到信念；我們從大衛・李文斯頓（David Livingstone）❸身上看到信念，這個殘障傳教士穿梭於黑暗大陸的迷宮，他火熱的靈魂堅決要讓世人看清他深惡痛絕的奴隸制度。我們在路德身上看到了信念，也在弗朗西絲・威拉德（Frances Willard）❹身上看到信念——在世界偉人榜裡的每一個人都擁有這種特質。

這裡的信念，不是對個人自我，或是對個人能力的信心，而是**對原則的信念**，是對維護正義、在適當時機可賴以取得勝利的偉大事物的信念。若是缺乏這種信念，任何人都不可能提升而成為真正的卓越之人。對原則缺乏信念的人，永遠只會是個小人物，至於是否能擁有信念，則取決於個人觀點。

★ ★ ★ ★ ★

你必須學會將世界視為一個進化的存在，仍不斷地在發展和成長——這個世界「還未完成」。數百萬年前，神創造了低階粗礪的生命，即使如此，就它們的本質來說都是完美的，那些較為高等、複雜的生物，則是在後來才逐漸出現的。地球的演變經歷了許多階段，每個階段在當時都是最完美的，然後才發展出更加進步、高階的階段。

我希望你能了解，不論是低等生物或高階生物，在本質上都是完美的。「始新世」5的世界，就當時而言是完美的；然而它雖然完美，造物主的事工卻尚未完成；現今的世界也是如此，在物質、社會及產業發展方面都很完備、也十分完美。這個世界的任何地方、各個方面都尚未完成，但就造物主的創造而言，一切都是完美的。

你應該抱持這樣的觀點：這個世界及存在其中的一切都是完美的——雖然它們尚未完成。

「世界上的一切都很美好。」⑥這是千真萬確的偉大真相。每件事物都沒有問題，每個人也都沒有問題。

你必須從這個角度去思考、理解生命的一切事實。

自然沒有問題。自然是一種偉大的發展進程，始終為了我們的福祉而努力。不懈自然的一切都是美好的，邪惡並不存在。自然尚未發展完成，因為造物者所創造的宇宙尚未完成。自然對我們人類的賜予，一直都比過去更加慷慨——自然是造物主的部分展現，而造物主就是愛。自然是完美的，只是尚未發展完成。

人類的社會與政府也是如此。縱使存在著壟斷與聯合資本、罷工和關廠等，但這一切都是向前發展的一部分，是社會邁向完成的進化過程中的附帶事件。一旦社會臻於完成，迎來的就是一片和諧，**但這些附帶事件卻是不可或缺的**。J・P・摩根（John Pierpont Morgan）[7]對日後社會秩序的必要性，就像爬蟲類時代那些奇怪動物對其後續階段的生命同樣重要；這些動物就牠們本身是完美的，摩根就他們那種人來說也是完美的。

看哪，一切都甚好[8]。把目前政治和經濟狀態視為完美，並且將快速朝向完成而推進，那麼你就會了解，沒有任何什麼好恐懼的，沒有焦慮的理由，也沒有什麼事情值得擔憂的。**不要抱怨現存的事物，它們是完美的，這是人類發展到目前這個階段所擁有的最美好的世界。**

對許多人、或許是多數人來說，這種觀點簡直是愚蠢極了。「什麼！」

他們會說，「利用童工及剝削勞工，讓他們在骯髒、不衛生的工廠工作不算罪惡？酒館不是罪惡？你的意思是說，我們應該接受這些罪惡，認為它們是美好的？」

剝削童工及類似的事，並不比穴居人的生活習慣和作為更邪惡。穴居人的生活方式是人類在野蠻階段的發展，就那個階段而言是完美的。目前我們在經濟方面的表現，是經濟發展至野蠻階段的必然做法，也是完美的。

★ ★ ★ ★ ★

除非我們對產業及商業形態採取人性態度，而非野蠻心態，否則問題將無法改善。只有在全人類的觀點都提升至更高層次，這種改善才可能發生；也只有當每個人都準備好提升自己的觀點，這種改善才有可能實現。

修正一切不和諧的，並不是憑藉雇主或老闆，而是工人自身；一旦他們的觀點提升了、一旦他們決定要這麼做，就能在經濟產業中建立團結互助的手足情誼與和諧關係。

工人的人數眾多，而且有能力；他們目前的處境，是他們自己願意接受的；然而，只要他們渴望擁有層次更高、更純潔、更和諧的生活，就絕對能夠如願獲得更多。事實上，他們現在也有想要獲得更多，但他們想要的只是動物性的享樂，所以整個經濟產業仍停留在野蠻、殘忍的動物階段；一旦工人們開始提升自己的心智標準，要求更多與心智和心靈相關的事物，人類的經濟產業立刻就會得到提升，超越野蠻和殘忍的層次。然而，就目前的階段來說，現在的經濟處境是完美的，事實上，它非常的好。

酒館和罪惡之窟亦然。沒錯，如果大多數人都渴望這些，他們理所當然的就會得到它們；而當多數人期待的是一個沒有罪惡的世界，那就會創造出一個這樣的世界。只要人類心存獸性，社會秩序就會存在罪惡，並展現出野蠻的模樣。是人類創造了這樣的一個社會，但只要人們超越野性的思想，就能讓社會超越野蠻的階段。一個充斥野蠻思想的社會，必然會出現酒館與夜總會，但若是從本質而言，它們仍是完美的，因為世界正處於「始新世」階段，這也沒什麼不好。

★ ★ ★ ★ ★

這些現象無法阻礙你創造更美好的事物。

你可以努力完成一個尚未完工的社會，而不必去翻修一個日漸墮落腐化的社會；你可以用更良善的心念，懷抱更多希望與精神去努力。

不論你視當前文明為良善、朝更好的方向發展，或視其為邪惡且正在腐化中，都會對你所抱持的信仰與精神造成極大的影響。前者會讓你提升且擁有開闊的心境，後者則讓你信心消褪、心智低蕩；前者能讓你更卓越，後者則讓你更渺小；前者能讓你為永恆不朽的事物努力，以卓越的方法完成尚未完成或不和諧的事，至於後者，則會讓你成為修修補補的改革者，毫無希望地在你漸漸認為失落且註定毀滅的世界中，去拯救寥寥幾個迷失的靈魂。

現在你知道了吧！你對社會抱持著什麼觀點，會對你造成極大的影響。

「世界上的一切都很美好。除了個人的態度之外，世界上沒有什麼會出錯，因此需要改變的，是我們自己的態度。我們必須從至高角度理解事物的本質與一切事件、環境、社會、政治、政府體制及經濟組織。這個世界雖尚未完成，但它是完美的。看哪！一切都是造物主的傑作，一切甚好。」

❶〈希伯來書〉十一章六節。

❷位於費城西北三十公里處，華盛頓於一七七七年至一七七八年的冬天，將軍隊駐紮於此。由於氣候嚴寒、軍糧短缺，士兵飢寒交迫、衣不蔽體，很多人病死、凍死或餓死——一萬兩千人中，死亡者達兩千五百人。

❸英國探險家、傳教士，他三十多歲時曾被獅子攻擊，左臂受傷，但復原良好，並非如作者所述是個殘障者。

❹美國教育家，是禁酒運動與爭取女性參政權運動的領導人之一。

❺地質時代的一個階段，約在五千六百至三千三百九十萬年前。多數現代哺乳類最早的化石，出現在這個階段的早期。

❻原文「All's right with the world」引用自十九世紀英國詩人羅勃特・布郎寧（Robert Browning）的詩劇《皮帕走過了》（Pippa Passes）裡的一首歌〈皮帕之歌〉（Pippa's Song）。完整的句子是：「God's in His heaven— All's right with the world!」意思跟《論語》〈陽貨〉孔子說的「天何言哉？四時行焉，百物生焉，天何言哉？」近似，但作者只引用後半句，就只有字面的意思。

❼美國銀行家，富可敵國，但他壟斷市場，操控金融，敵視工運。

❽〈創世紀〉一章三十一節。

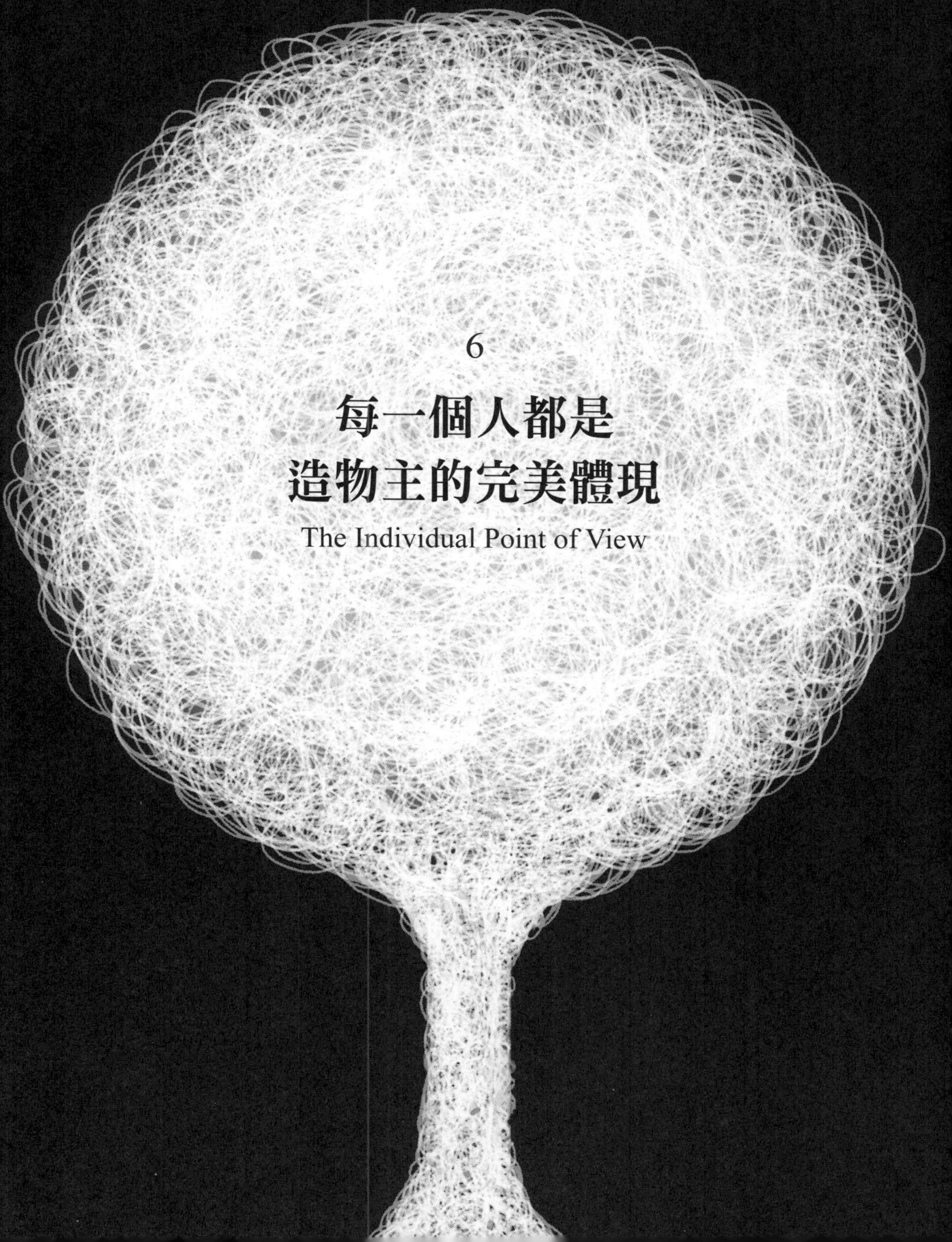

6

每一個人都是造物主的完美體現

The Individual Point of View

你是一個不斷進步的偉大靈魂，
正日趨完整。

如何看待社會的觀點固然重要，但你看待同儕、熟人、朋友、親戚、家人，特別是看待自己的觀點，卻又更加值得重視幾分。你必須學習不把世界視為失落而腐化的世界，而是個完美、壯麗，日趨美妙而圓滿、不斷進步的世界；你必須學習不把別人視為失落且受詛咒的人，而是完美並正朝向進步發展的物種。

世界上沒有什麼「壞」或「邪惡」的人。在鐵軌上拖行沉重火車的引擎就本質而言是完美的，也是很好的，推動引擎的蒸汽同樣是很好的。若毀損的鐵軌導致火車出軌，而使引擎拖著火車掉進溝壑，就算因為錯位而被更換，引擎仍不會變壞，它仍然是完美的引擎，只是偏離了軌道罷了；將火車拖進溝壑裡而導致失事的蒸汽並不邪惡，它仍是完美良好的動能。

因此，被擺錯了位置或沒有被完全使用的事物，不代表它就是惡的——

世界上沒有人是邪惡的，但有偏離正軌的完美好人，他們不必遭受譴責或懲罰，他們需要的只是重返正軌。

我們訓練自己思維的方式，常常讓我們將尚未發展、或尚未發展完全的事物視為邪惡。能長出白色百合花的球莖根部看起來醜陋不討喜，甚至惹人厭，然而，我們明知球莖裡擁有蘊育百合花的芽，卻因其外表而嫌棄它，豈不是太愚蠢了？球莖的根在本質上是完美的，它是完美、但尚未發展完成的百合花。

因此，我們必須學習這樣看待每個人——不管他們外在多麼不討人喜歡，但他們在其所處的階段都是完美的，他們正日趨完整。

★ ★ ★ ★ ★

看哪！一切都甚好。

一旦理解了這個事實，有了這種觀點，就不會有興趣去挑剔、評斷、批評或指責他人。我們不會再拯救迷失靈魂的人，而是成為天使的一員，為完成榮耀的天堂而努力。

「我們是從聖靈而生，我們見到神的國。」❶

當我們不再把人類視為會行走的樹木，我們的眼界才算完整。

除了好話，我們什麼都不會說。一切都是美好的，卓越而榮耀的人類正趨於完成。這樣的認知讓我們在與人來往時，心胸變得更為寬廣而開闊，視別人為良善偉大的存在，並以極佳的方式與之互動、處理其事。

然而，若我們落入另一種觀點，將人類視為失落、墮落而退化的物種，便只會讓自己的心智退縮、狹隘，在對人和對事上也會變得小心眼、卑劣而偏狹。

切記並緊守本章所主張的觀點。若是你做得到，就會像卓越的人一樣，與熟識的朋友、鄰居及家人有良好的互動。你也必須用同樣的觀點看待自己，視自己為不斷進步的偉大靈魂。

請你學著這麼說：「我從其而生的聖靈（THAT）在我裡面，祂是完美、沒有弱點、沒有病痛的。這個世界尚未完工，但是，我意識裡的神既完美又圓滿。除了我個人的心態以外，沒有什麼是錯的，當我不服從內在聖靈時才會犯錯。從過去到現在，我是神完美的體現，我會努力堅持讓自己更完整。我要倚靠祂，並不懼怕。」[2]

當你能充分理解並這麼說，你就不會再感到恐懼，並在邁向卓越堅強的道路上邁進一大步。

❶見〈約翰福音〉第三章。
❷〈以賽亞書〉十二章二節。

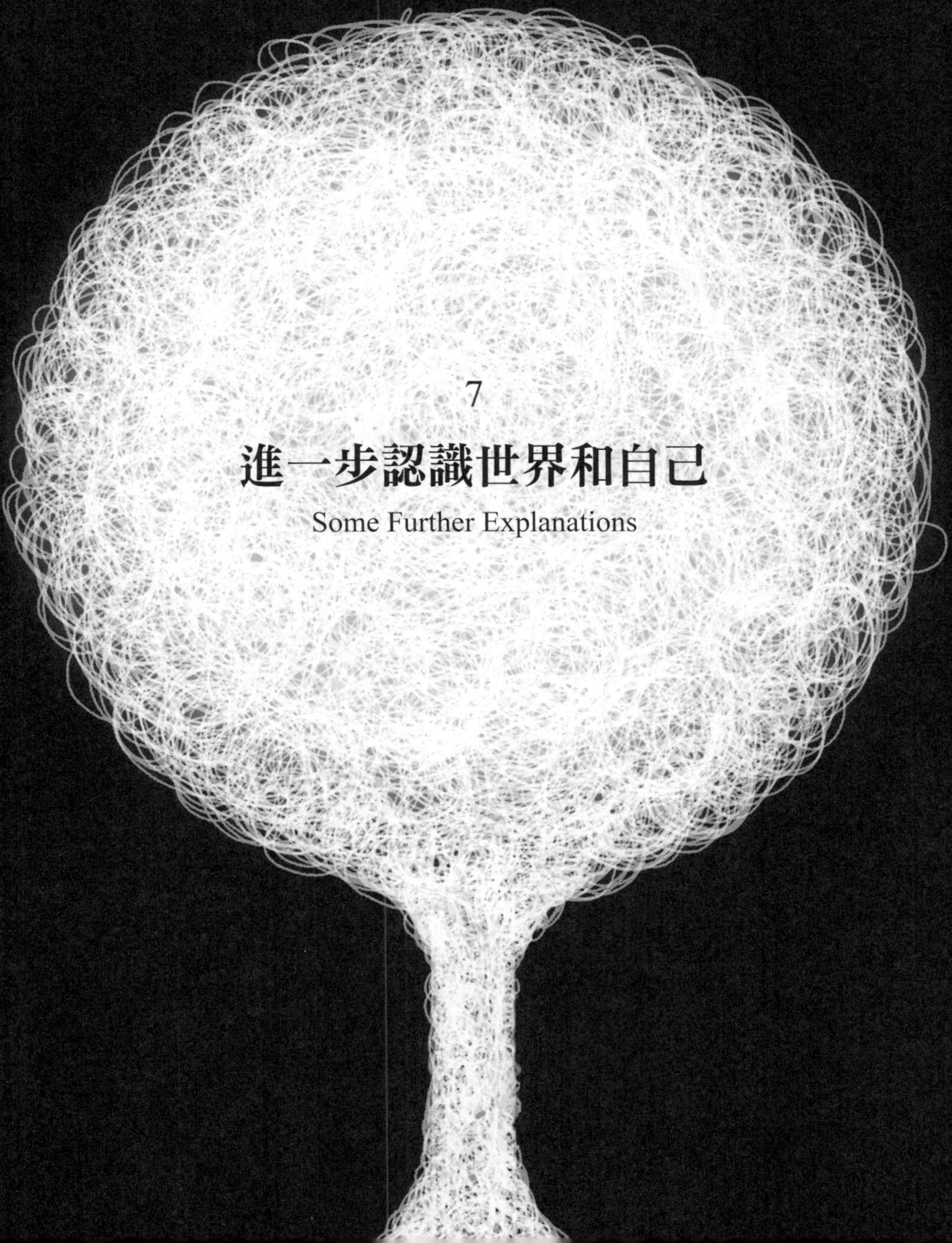

7

進一步認識世界和自己

Some Further Explanations

如果你對世界的發展悲觀，
就不可能對自己的未來充滿希望……

讓我們回到「觀點」這個議題，因為它很重要，也因為它帶給學習者最多困惑。

我們被教導——有部分來自宗教導師的誤導——把這個世界視為一艘遇難的船，被暴風沖到一個充滿岩石的海岸，終將徹底粉碎，你所能做的，頂多只有拯救幾名船員倖免於難。

這樣的論點告誡我們，世界的本質是腐壞的，並且益形惡劣，而現今的紛爭與動亂只會愈演愈烈，直到世界末日。這個論點剝奪了我們對社會、政府與人類的希望，讓我們對未來無法樂觀，也限制了心智的發展。

這真是大錯特錯。世界並非是殘破不堪的，它像一艘豪華輪船，引擎和機械都十分良好，燃料箱裝滿了煤，食物也十分充足……不乏美好的事物。

全知的造物主為我們準備好所有裝備，能確保船員的安全與舒適，只不過，這艘船航向大海後不斷改變航程——因為沒有人知道正確的航線。我們正在學習掌舵這艘船，將在適當的時間信心滿滿地將船駛進完美和諧的港灣。

世界是美好的，而且會愈來愈好，**當前的紛爭與動亂是我們駕駛技術不完美所導致的偶發顛簸，只要過一段時間就會消失**。這個觀點讓我們對未來更有信心，並拓展我們的心智；它讓我們能寬容地看待社會和自己，並以卓越的方法行事。

除此之外，我們也知道這個世界或其中的任何部分——包括我們自己的事務——都不可能出錯。只要世界的一切一直朝完美這個方向前進，就不會出錯；個人之事也是世界的一部分，因此也不可能出錯；你和你所有關心的事都同樣朝向完美前進。

除了你自己，沒有什麼事能阻擋你向完美前進，然而，如果你的心態與造物主的心態相牴觸，你的前進就會遭到阻礙。除了你自己，沒有什麼需要修正——只要你的心態一直很正確，就什麼事都不會出錯，你自然就沒有什麼需要擔心；只要你的心態正確，就不會有煩惱或災難上身，因為你是成長世界的一部分，你會與它一同進步與提升。

★ ★ ★ ★ ★

再者，你的念相（thought-form，指思維所勾勒出來的形象、世界、存在）多半是根據你的宇宙觀形塑出來的。如果在你的眼中，世界是失落的且終將毀滅，你也會把自己視為其中一部分，認為自己帶有世界的罪惡與弱點——**如果你對世界的發展悲觀，就不可能對自己的未來充滿希望**；假使你認為世界正走向滅亡並逐漸衰微，就不可能覺得自己正在進步。除非你把造物主所創造的萬事萬物視為完美的，否則你不可能覺得自己很優秀；除非你覺得自己**很棒，否則你不可能變成卓越的人。**

我要再次強調，你的人生成就，包括所處的物質環境，都是被你慣於看待自己的念相所決定的。**當你塑造自己的念相時，就很難不在心中形塑出相應的環境。**如果你想像自己是沒能力又低效率的人，就會覺得自己處在貧窮或低劣的環境中。除非你認為自己很優秀，否則或多或少都會想像自己處在窮困的窘境中。當這些思維成為習慣，就會以無形的形式環繞著你的心智物質（mind-stuff），與你形影不離。待時間到了，藉由永恆創造能量的常態作用，**無形的念相就會被創造成有形的物質，讓你被自己思維所化現的事物包圍。**

請把自然視為卓越、不斷進步的存在，並以同樣的觀點看待人類社會。

它們是一體的，來自同一個根源，而且都很美好。形成你自身的物質和造物主的相同，你是造物主主要成分的一部分。造物主所擁有的力量，也正是構成人類的要素之一。你像造物主一樣不斷的進步，你的內在就是所有力量的根源。

Part 2

讓自己變得更好

繼續夢想吧！
Dream on.

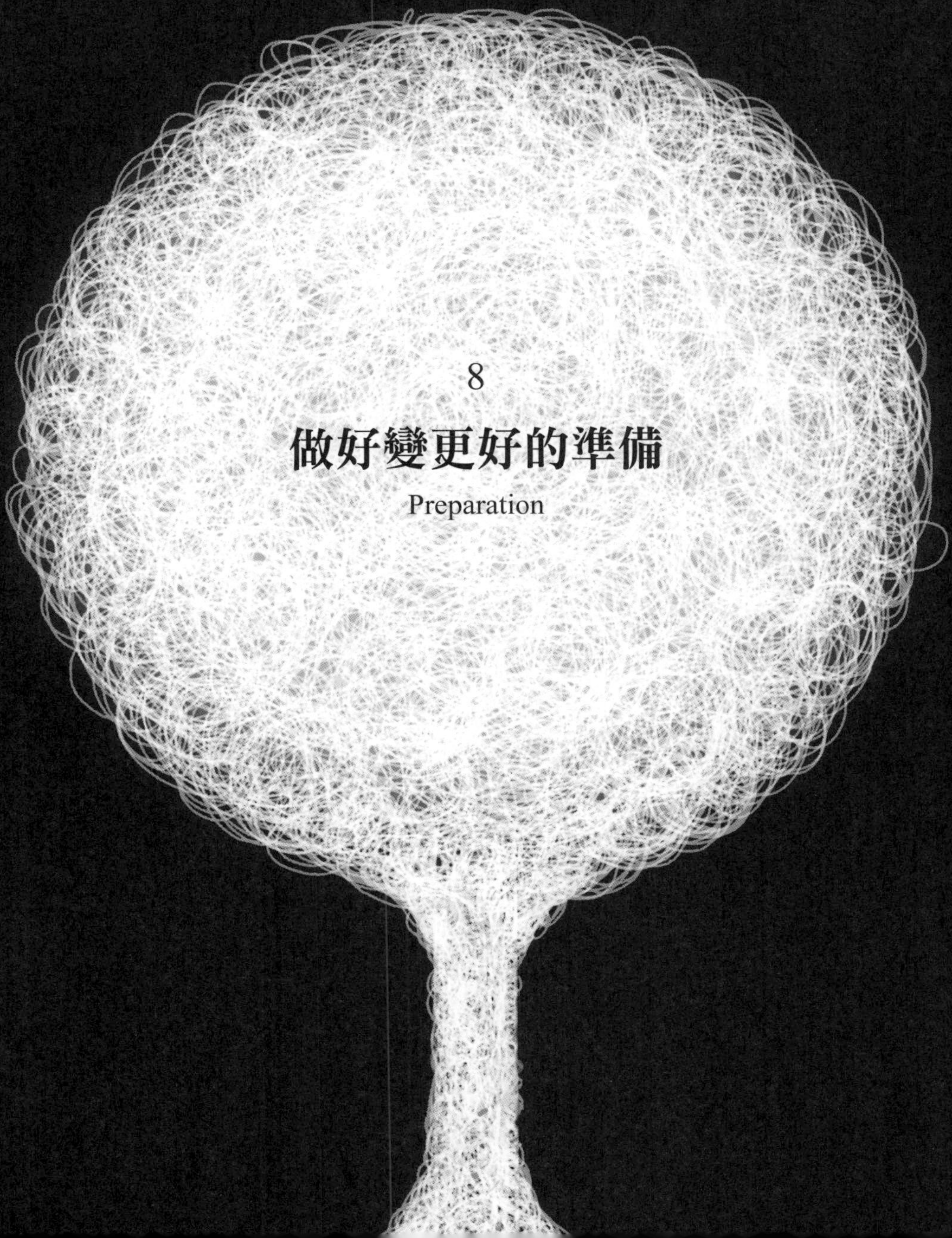

8

做好變更好的準備

Preparation

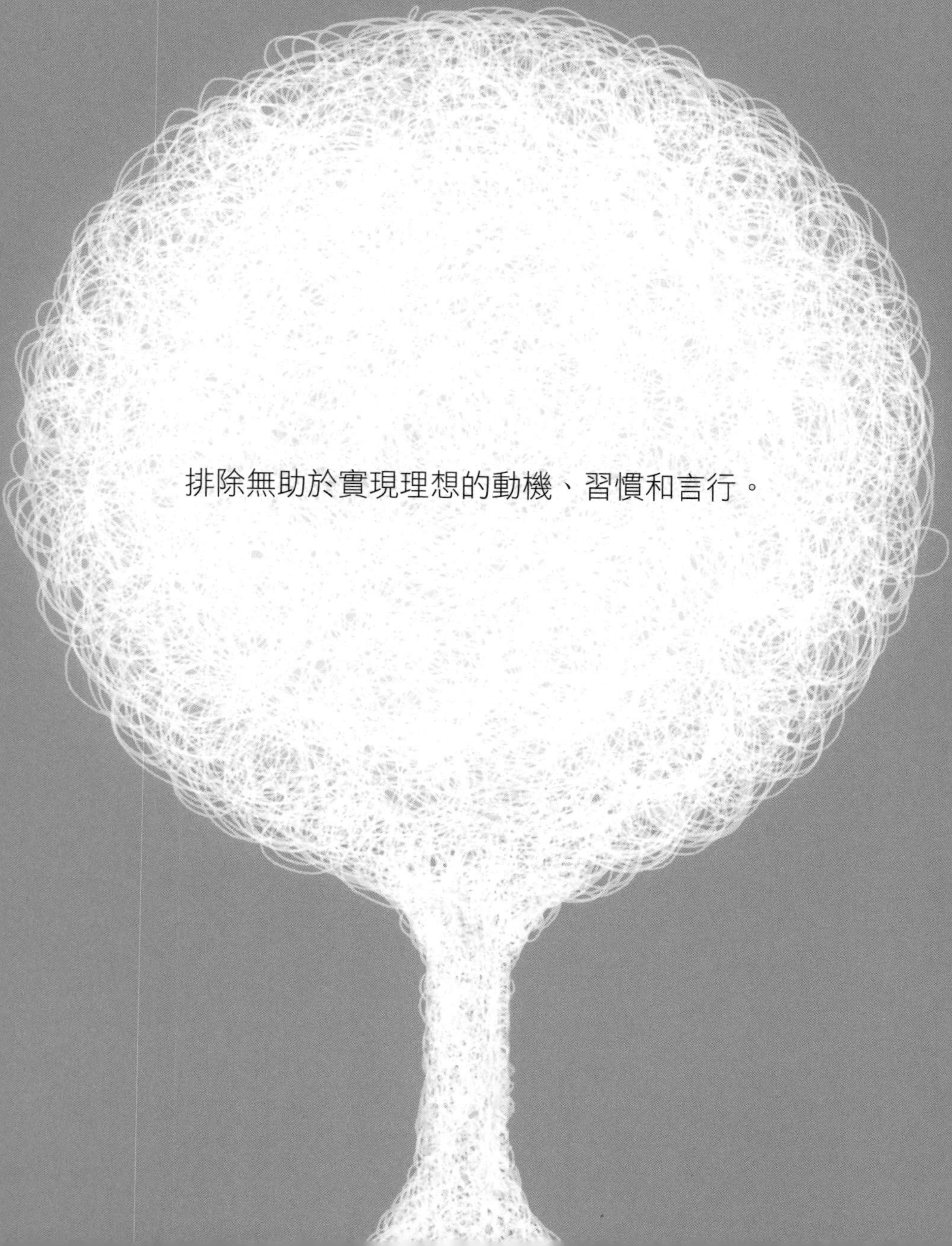

排除無助於實現理想的動機、習慣和言行。

「你們親近神，神就必親近你們。」❶如果你變得像造物主，就能了解祂的思維。如果你做不到，就不可能得到真理的啟示。

除非能克服焦慮、苦惱與恐懼，否則你不可能成為卓越的人。**焦慮、苦惱或恐懼的人不可能領悟真理，這些負面的心理會扭曲一切事物，使它們偏離原本的關聯。**處於這些心理狀態的人，不可能洞察造物主的思維。

如果你很窮，或對事業或財務狀況感到憂慮，建議你仔細研讀我這一系列書籍的第一本──《賺錢的科學練習》，不管問題有多大或多複雜，該書都會提供你解決困難的方法。

你完全沒有必要因為財務狀況而憂慮，每個想致富的人都可以超出他的期待，滿足一切所需，並且變得富有。你用來展現心智與心靈力量的本源，也能滿足你所有的物質需求，只要你仔細研究這個道理，直到它烙印在你的思維中，直到焦慮從你的腦海中消失；只要進入「特定法則」（Certain Way），它會引領你得到物質的富足。

同樣的，如果你為了自身的健康而焦慮、煩惱，你必須相信你可以擁有健康，如此一來，你就能夠擁有足夠的能力去完成自己想做的一切，甚至還綽綽有餘。

準備提供你財富、心智與心靈力量的智慧體，也樂於賜予你健康。只要你遵守簡單的生命法則，過著正確的生活，那麼只要你提出要求，就能得到真正的健康，並戰勝病痛，消除恐懼。

★　★　★　★　★

要注意的是，光是克服財務、生理上的焦慮和煩惱並不夠，還必須戒除道德方面的誘惑。現在，感受你的內在意識，確保那些驅使自己的動機是正確的。

你必須捨棄貪欲，不再被欲求的渴望所控制，並且要開始學會控制自己的欲念——你只能為了滿足飢餓而進食，而不能是意圖貪食的愉悅——在一切事情上，肉體都必須全然服從心靈。你必須把貪念放在一邊，在你渴望財富和權力的願望當中，不能有邪惡的動機。如果是發自心靈的需要而想要致富，那是正當的；若你的渴望財富只是為了滿足肉體的貪欲，那就沒有任何正當性了。

你要拋棄驕傲與虛榮，別想控制他人或是淩駕於他們之上，這一點極為重要——想要操控他人的自私渴望，是世上最陰險狡詐的引誘。再也沒有什麼，比在宴會裡被安排坐在高位、在市街上被人問安、被稱為拉比（Rabbi，大師、夫子的意思）或主人，更能吸引一般人的目光。掌控別人是自私者隱而不宣的動機，爭取掌控別人的權力是這個競爭世界的鬥爭，而你必須超越這個世界，揚棄這樣的動機與野心，你要追尋的應該只有生命。

你要拋棄嫉妒之心。如此你就可以得到想要的一切，不必嫉妒別人擁有什麼。

最重要的一點是，請不要對其他人心懷惡意或憎恨，因為這會切斷了你跟宇宙心智——你希望獲得祂的寶藏——的關係。「人若不愛他的兄弟，就不愛神。」❷

把狹隘的個人野心放下，尋求至高的善，別被自私的邪惡想法所動搖。

請再重溫一下前面所說的一切，下定決心逐一排除內心道德方面的誘惑、下定決心放棄所有邪惡的念頭，同時屏棄一切無助於實現崇高理想的言行、習慣和做事方法。這一點十分十分的重要，因為用靈魂所有的力量全心全意地下定這樣的決心，你就等於準備好向卓越邁出下一大步。

❶〈雅各書〉四章八節。
❷〈約翰一書〉四章二十節。

9

服從你的靈魂

Consecration

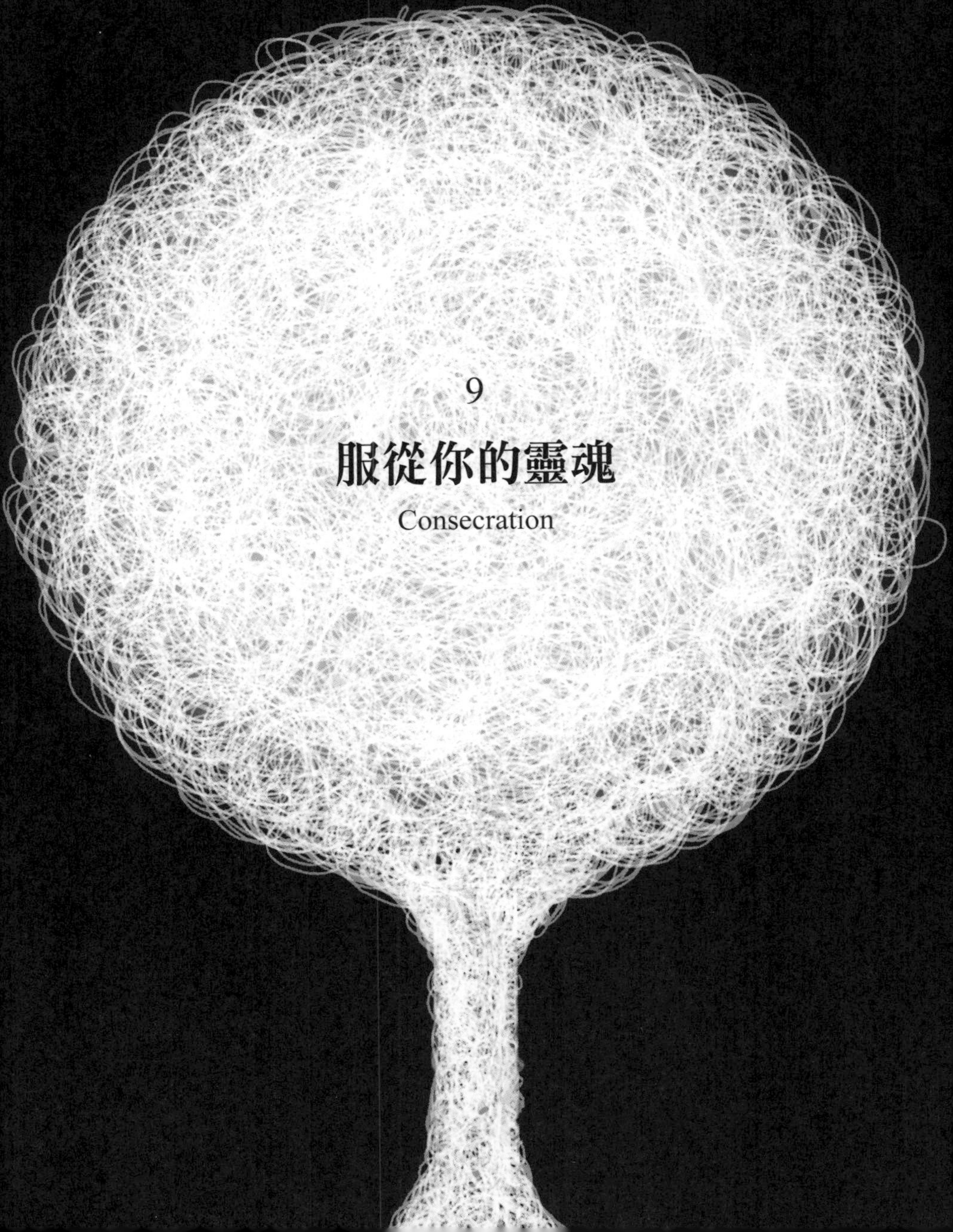

接受神聖「能量之源」的引導！

從前面的內容當中，你已知道與世界及人們維持良好關係的觀點，下一步要做的就是全心全意的奉獻。奉獻的真正意義就是服從你的靈魂。你的內在擁有一股驅使自己向上提升的力量，那股驅力就是神聖的能量之源，你必須毫無疑問地服從它。

沒有人會否認下面這種說法：如果想成為卓越的人，就必須透過內在某種東西的展現，也不會去質疑存於內在的這個卓越、至高無上的東西。它不是心智，不是智慧，也不是理性。

若是你無法超越理性，進而探索其背後的原則，就不可能達到卓越；理性既不在乎原則，也不在乎道德，你的理性就像律師，能替任何爭議的一方辯護。盜匪的智慧足以計畫搶劫和謀殺，就像聖人的智慧足以規劃卓越的慈善行為；智慧幫助我們了解什麼是進行「正確的事」的最好手段，卻不會告訴我們什麼是正確、該做的事。智慧與理性有助於自私的人達成自私的目的，就像它們有助於不自私的人完成不自私的目的。

沒有原則地運用智慧與理性，可能會因能力而享有名聲，卻不會因生命彰顯出真正的卓越而為人所熟知。

★ ★ ★ ★ ★

我們接受許多智慧與理性的訓練，卻很少接受服從靈魂的訓練。回歸本心，就能找到純粹、適用於人生每種關係的正確理念。

只要遵循內在聖靈（Great Within）的純粹理念，就能變得卓越而有力；如果你有所妥協，代價就是失去力量——這點請你務必牢記在心。

你有許多不適用的想法，卻因為習慣使然，而仍讓它們控制你的生活，停止這一切，拋棄那些不再適用的想法。你仍然遵循著許多社會及其他不良習性——即使你知道這麼做會阻礙自己的成長、自我矮化或看輕自己。你必須超越這一切！我不是要你無視於傳統或一般接受的是非標準，你不能這麼做，但你可以把靈魂從拘束許多人的限制中解放出來。

別把精力花在遵從、保守那些陳舊的制度，不管是宗教或其他方面的事物；別被自己也不信的信念所束縛。解放自己吧！或許你的身心已養成某些官能性習慣，請擺脫它們。

比方說，你可能耽溺於懷疑導致的恐懼，以為情況會愈來愈糟，或懷疑別人背叛或對你不公平，你必須超越這一切；你在各方面的所作所為仍然很自私，請別再這麼做了。揚棄這些惡習，以心智形塑良好的觀念並付諸實行。假使你渴望上進卻不付諸行動，那麼請記住了，你之所以沒有進步，**是因為你只是思考而沒有行動——知行必須合一。**

★★★★★

要遵循原則來思維，並根據思維而行動。

你在商場、政治、社區及家裡的態度，都必須要表現出最好的思想。不論面對男女，有地位沒地位，尤其是自己家人，都必須表現出最和善、親切、有禮貌的模樣。請記住，**你是眾神之一，舉止必須得宜。**

要全心的奉獻，步驟既少又簡單。想成為卓越的人，就不能只是被低層次的事物所控，而必須遵從高層次事物的原則，因此你不能被身體衝動所掌控，而必須讓身體服從心智。如果你的心智沒有原則，這將引領你走向自私及不道德。

你必須讓心智服從靈魂，但靈魂會被知識所限制，因此，你必須讓靈魂臣服於不需要尋求理解而在世界展現一切的超靈（Over-Soul）❶——這就是奉獻。請你說出下面的話：「我的身體服從我心智的掌控，我的心智服從我靈魂的支配，我的靈魂服從造物主的指導。」如此完整而徹底的奉獻，便是在走向卓越與力量的路上，邁出了第二大步。

❶Over-Soul，宇宙萬物不可分的集體靈魂。

10

你和造物主是一體的

Identification

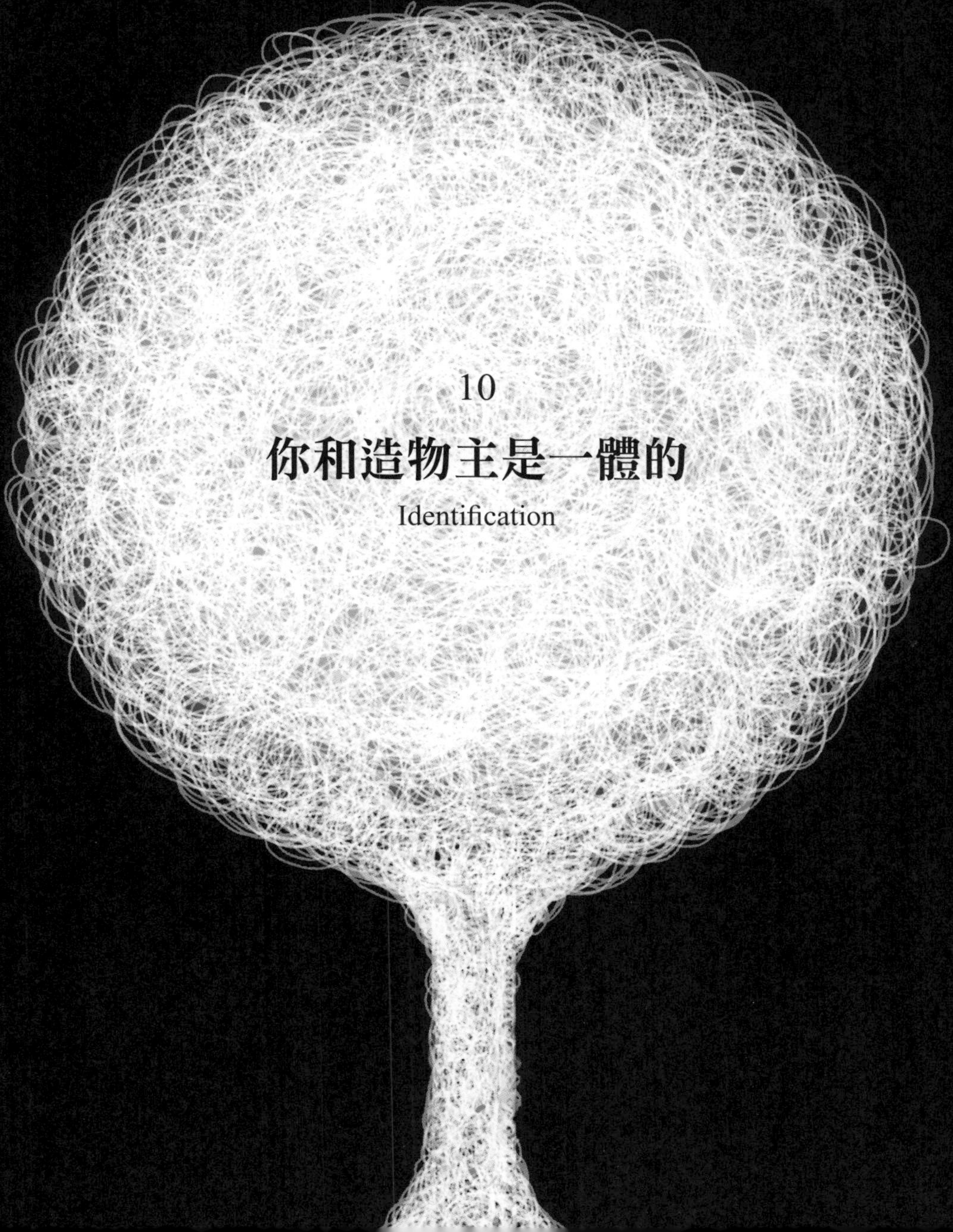

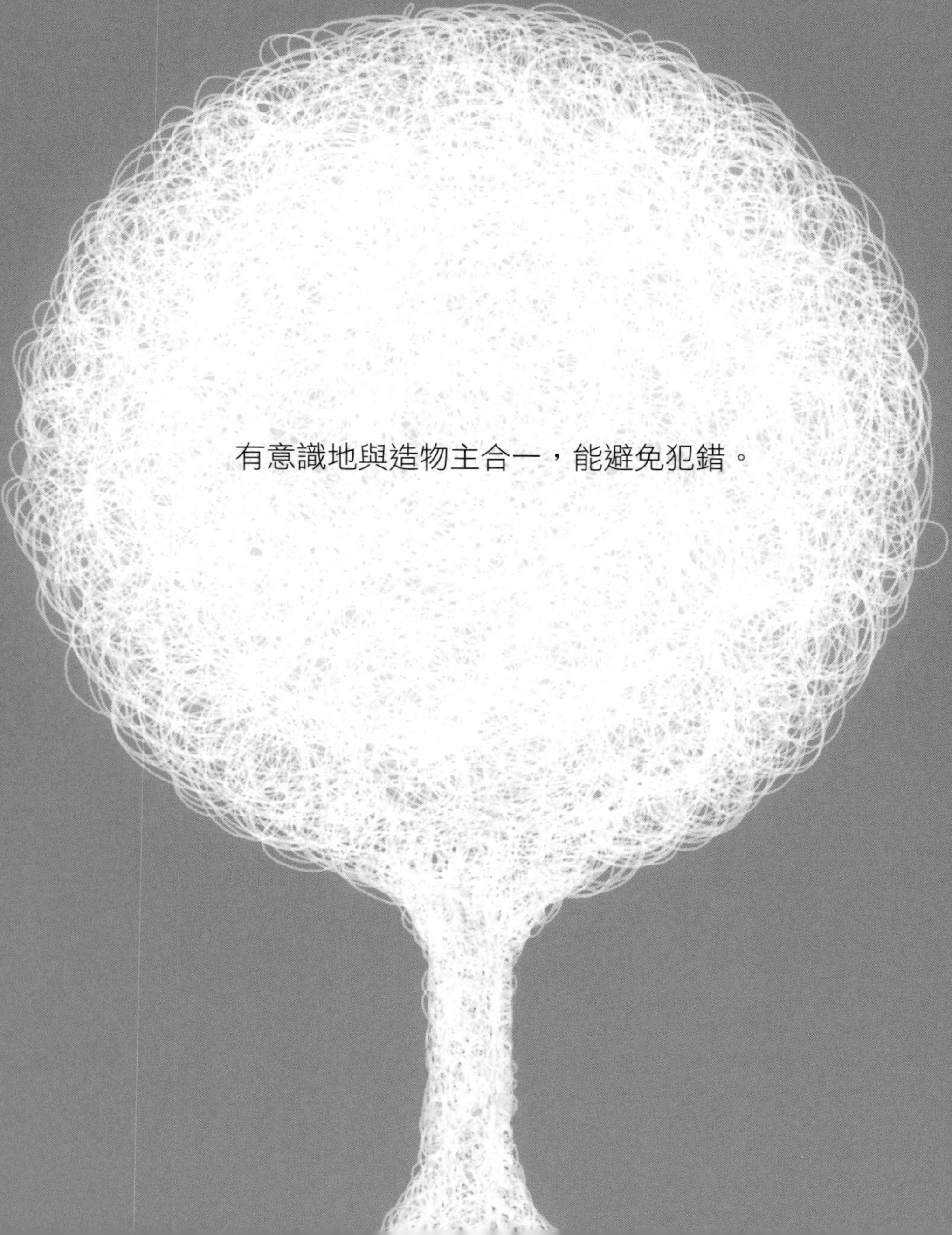

有意識地與造物主合一，能避免犯錯。

你必須接受造物主是促使自然、社會及人類向上的存在，你的步調必須與這一切協調一致，而在將自己奉獻給驅使自己往卓越發展的內在聖靈之後，下一步你必須要了解並接受一個事實——內在能量之源就是造物主。

你必須有意識地將自己與至高無上的存在合而為一，這不是什麼錯誤或不真實的想法，而是必須認清的事實。你與造物主已經合而為一，你必須有意識地認清這點。

有一種本體，是萬事萬物的源起，它擁有創造一切的力量，而這個力量是它與生俱來的。這個本體有意識、會思考，並具有運用最高智慧與完美理解的能力。你會知道這點，是因為你知道本體確實存在、知道意識確實存在，因此，本體必定是有意識的。

人類具有意識且能思考，人類就是一種本體，也必然是一種本體，否則他什麼都不是，而且也不可能存在。如果人類是一種本體，既能思考也有意識，他就是意識體（Conscious Substance）。意識體只有一個，所以，人類就是初始本體，亦即一切生命與力量源頭的具體展現。

人類不可能與造物主有所不同！智慧不論在哪裡都一樣，它在任何地方都是同一個本體，不可能造物主有一種智慧，而人類擁有另一種智慧。智慧只可能存在於智慧體，智慧體就是造物主。

人類與造物主是一體的，所以，神所擁有的才能、力量及可能性，人類也都有——不是少數特殊的人才有，而是每個人都有。「天上地下所有的權柄，都賜給了人。」❶「那不是寫著，你們是神嗎？」❷人類擁有的能量之源就是自己，而且人類本身就是造物主。

★ ★ ★ ★ ★

不過，就算人類是初始本體，擁有一切力量與可能性，但人類的意識仍有所局限。人類不是全知的，所以可能犯錯或有所過失。為了避免犯錯，我們必須將心智跟全知的造物主做連結，而且是有意識地與造物主合一。

有一種從四周包圍著人類的心智，比呼吸更接近我們，比手腳更貼近我們。這個心智包含一切發生過的記憶，從史前時代自然界最大的災變，到眼前一隻麻雀的墜落，也包括今日世界存在的一切。這個心智緊守著的是包含自然背後的一切偉大目的，所以也知道未來將會如何。

人類被這個了解過去、現在及未來一切的心智所圍繞，所有人類說過、做過或寫過的，都存在於這個心智之中。人類與這個心智是合一的，人類就是來自這個心智，所以人類可以將自己和這個心智視為一體，這樣就能知道這個心智所了解的一切。

「父是比我大的，」耶穌說，「我是從祂來的。」「我與父原為一。祂將一切事指給子看。」「聖靈要領導你們明白一切的真理。」③

與造物主合而為一必須要是你自覺完成的行為。你得承認這個事實：只有一個造物主，而且一切智慧只存在於唯一的本體。

你必須肯定這點：「只有一個造物主，祂無所不在。我有意識地將自己與造物合而為一。我不是我，乃是我裡面的造物主。我要與至高無上的造物主合而為一，過著神聖的生活。我與無限的意識同是一體，而世上只有一個心智，我就是那個心智，與你說話的我就是祂。」

如果你已依照前面幾章所說的去徹底執行、如果你已經得到正確的觀點、如果你也全心地奉獻了，那麼你將會發現，有意識地跟造物主合而為一並不困難。一旦成就了，**你在尋找的力量就是你自己的力量，因為你已將自己與所有力量合而為一了。**

❶見〈馬太福音〉二十八章十八節。

❷見〈約翰福音〉十章三十四節。

❸本段引文散見〈約翰福音〉十四、七、十、五、十六各章。

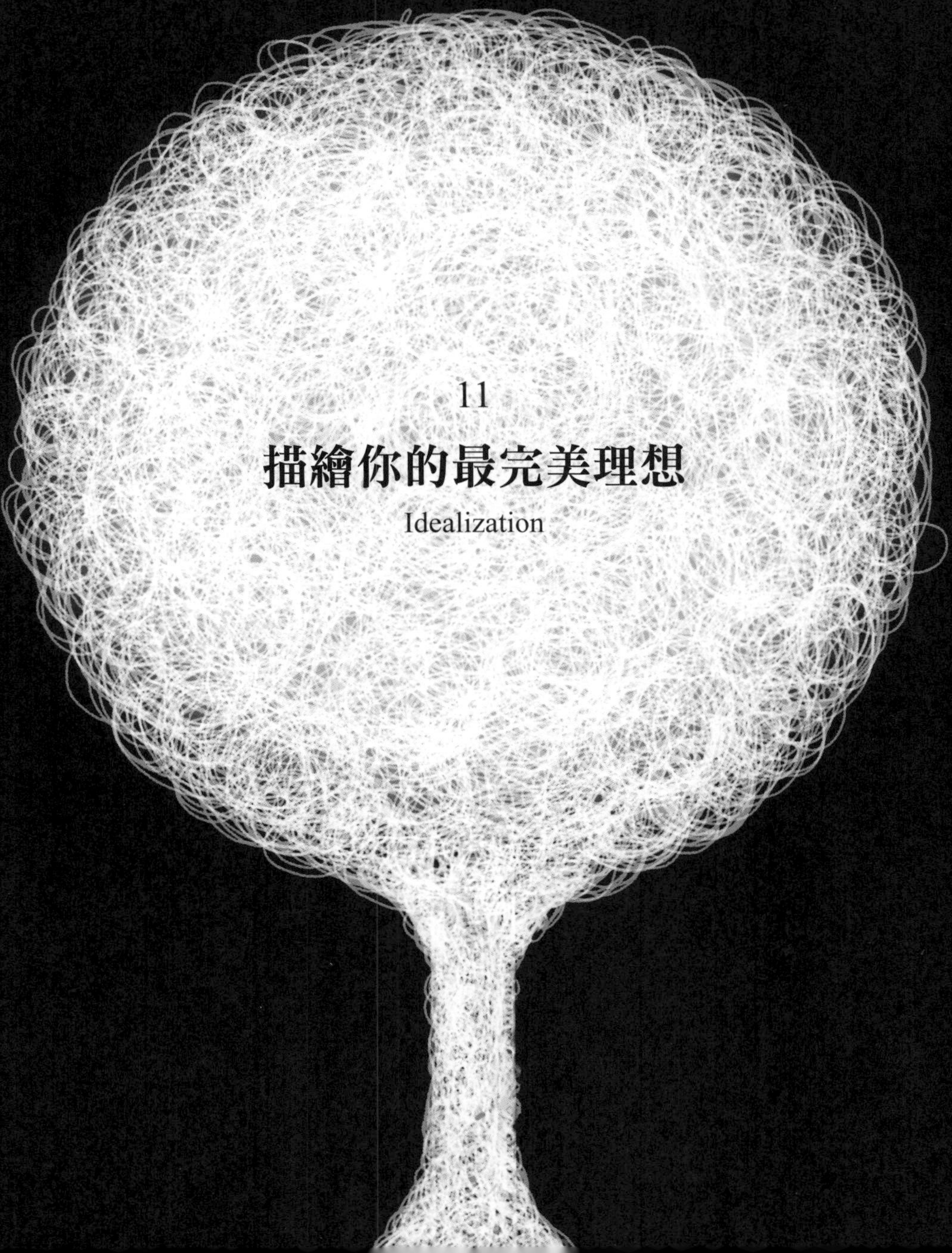

11

描繪你的最完美理想

Idealization

用你能「想像」的最高標準，
為你想成為的樣子打造「心靈藍圖」！

你是初始本體的思考中心。初始本體的思維具有創造的力量，所有的事物，都是由思維所形成的，**我們的念相會形塑出具體可見的物相**（meterial-form）。存在於思維體的念相是真實的，不論它是否能被凡人看見，都是確實存在的事物。你必須深刻理解這個事實：思維體的思想是真實的事物，它是一種形態，也是真實的存在——雖然你看不見。你在內在採取了如何看待自己的形態，你就被包圍在這些看不見的形態裡，它們都與你的思想有關。

如果你渴望一件事物，**就在心裡清楚地想像它的模樣**，並把這樣的意象緊守於心，直到它成為明確的念相。如果你的實踐方式未與造物主背離，你所渴望的事物就會以具體的物相出現——這一切必須符合宇宙創造的法則。

你的念相不能與疾病有關，而是要形塑出與健康相關的概念。請你打造一個強壯、充滿活力、健康的念相，並將這個念相銘刻在創造性的智慧體中，只要你的執行方法不違反身體構造的法則，這個念相就會在肉體中展現出來。這是必然的結果，這合乎法則的運作。

★★★★★

你渴望成為什麼樣的人，就依此打造一個關於自己的念相，並盡可能讓它形塑出你所能想像中最完美的理想。

舉例來說，如果年輕的法律系學生想成為出類拔萃的法律人，就必須想像自己（同時要照前幾章所述的，抱持正確的觀點、全心奉獻，並與造物主合一）是一個卓越的律師，在法官和陪審團面前，以無與倫比的口才和能力進行辯護，有如掌握了無窮的真理、知識與智慧。他必須想像自己在任何狀況與偶發事件下，都是一名傑出的律師——雖然他只是學生，但無論如何，得讓他自己的念相不會忘記自己是一名卓越的律師。

當念相在內心裡愈來愈清晰，並成為一種習慣，那麼內在與外在的創造性能量就會發揮作用。當他從內在清楚地展現出自己是個卓越律師的風範與形象，外在所有與此形象相關的條件就會逐漸實現他的想法。他讓自己進入這個意象之中，造物主會與他一同努力，沒有任何事情可以阻礙他實現自己的目標和理想。

同樣的，音樂系學生想像自己演奏美妙的旋律，帶給聽眾無限欣喜；演員以自己能表現的最高水準想像演出成果；農夫和技工也是如此。專注於你渴望把自己打造成什麼樣的理想，審慎地往好的方向去想像，確認自己做了正確選擇——亦即最能讓你滿意的理想是什麼。

★ ★ ★ ★ ★

不要太在意周遭的忠告或建議，也不要認為別人會比你更了解自己、更知道什麼對你最好。**你可以聽聽別人怎麼說，但永遠要有自己的主見。**

不要讓別人來決定你應該成為怎麼樣的人。你想怎麼樣，就做個怎麼樣的人。

不要被錯誤的義務或責任觀念給誤導了。對於阻礙你實現理想的自己的那些人，你不虧欠他們任何義務或責任。對自己誠實，你就不可能欺騙任何人。確認自己想成為怎麼樣的人，運用能夠想像的最高標準去形塑理想，並把這個理想打造成你的念相，視它為**一個既定的事實**，視它為**真實的自己**，並深信不疑。

至於與此念相相反的建議，請你選擇充耳不聞。就算有人說你是傻瓜，做白日夢，也不必介意。**繼續夢想吧！**請記住，拿破崙，那個餓得半死的少尉軍官，總是將自己視為將軍及法國的主人，並緊守他內心的理想自我，最後實現了這個理想。因此，你也可以做得到。

仔細研究前面幾章所說的，並按照接下來各章的說明進行，你就會成為你想成為的人。

12

先從小事實現理想

Realization

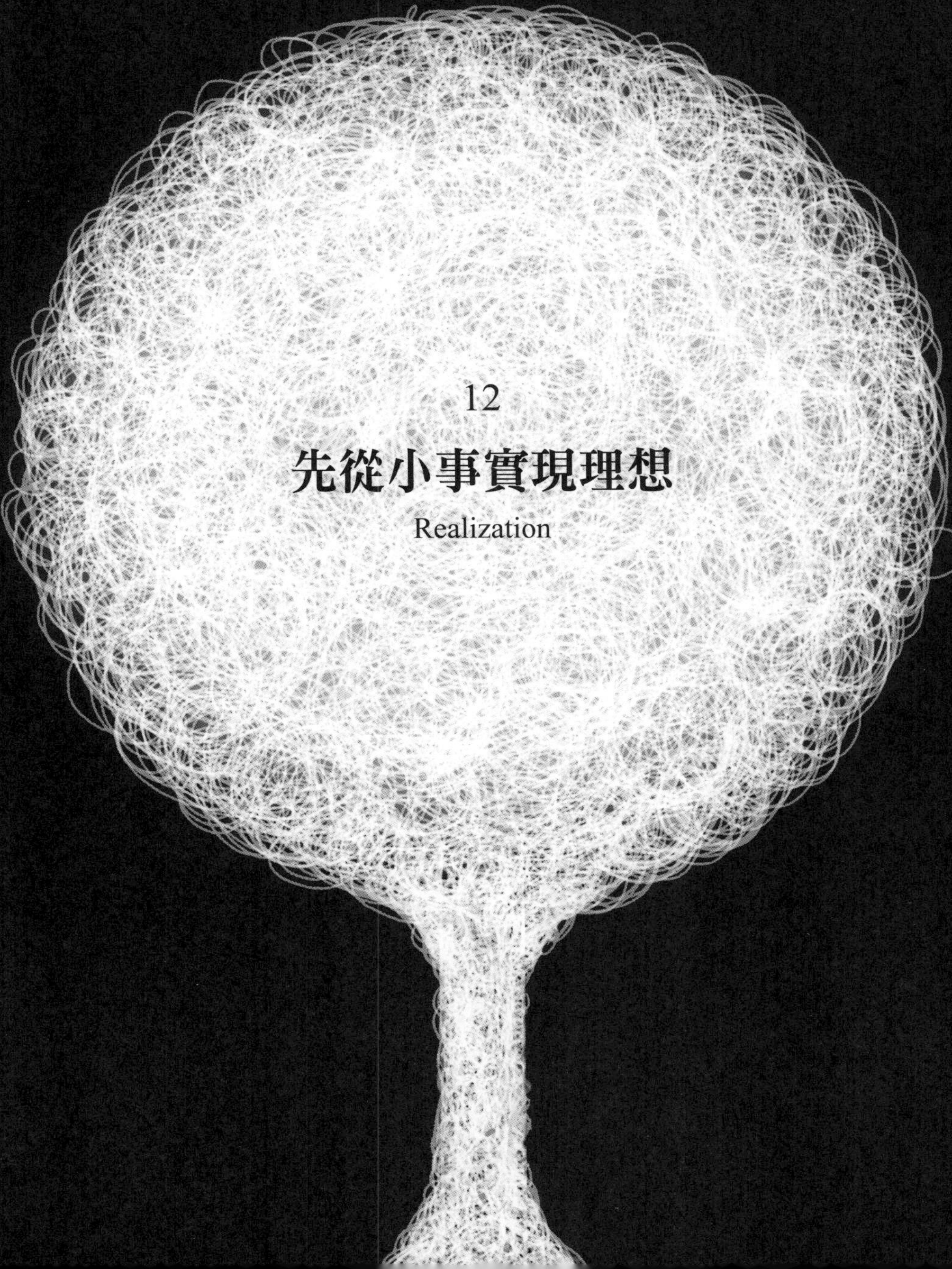

無論是多麼微不足道的小事，
都要表現得像你理想中的自己。

如果你只讀到前一章就停下來，將永遠無法成為卓越的人，而只是個愛做夢、蓋空中樓閣的人。太多人就此打住了，因為他們不了解實現願景、讓念相成為事實的必要性。要實現願景，有兩件事是必要的：

第一，設定、打造念相。

第二，全心全意地投注於念相當中。

我們已經討論過第一點，現在要針對第二點說明。

當你設定好念相之後，你已在內心成為你想成為的人，接下來，你必須在外在世界表現出你想成為的那個人的樣子。

★ ★ ★ ★ ★

你已在內心成為卓越之人，但在外在世界，你並沒有卓越表現。你還無法立即開始進行卓越的事，也還沒能在世人面前成為卓越的演員、律師、音樂家或你想要成為、理想中的那個人。沒人把重要的事交付給你，因為你尚未為人所知，**但你起碼可以用卓越的方法做點平凡小事**。

這就是所有祕訣所在——

你可以從今天開始做個卓越的人。

不論是在家裡、店裡或辦公室、街上或任何地方做起，只要能以卓越的方法做好每一件事，你的出類拔萃就會為人所知。**在做任何一件事時，不論它多麼平凡、微小，都要傾注全力**，如此一來，你才能在家人、朋友和鄰居面前表現出**真正的自我**。

你沒有必要吹噓或誇耀自己，或到處聲稱自己有多麼卓越，只要在日常生活中表現真正的自我就行了！

就算你拚命吹噓自己有多麼了不起，也不會有人相信；但若能以實際的行動展現出卓越，那就不會有人懷疑你的本事了。只要在你的家族當中展現你的正直、慷慨、殷勤、親切，你的妻子、丈夫、子女、兄弟姊妹就會了解你擁有卓越而高尚的靈魂；同樣的，在所有人際關係中，也要表現出你的卓越、正直、慷慨、殷勤和親切。除此之外，卓越無他，這就是你應該具備的心態。

★ ★ ★ ★ ★

接下來，也是最重要的，就是絕對、完全相信你自己對真理的覺察力。

不要匆忙行事，做任何事都要慎重、深思熟慮，直到你真正明白最正確的方法再做。當你覺得自己已經明白最正確的做法時，讓信念引導你——即使全世界都反對你。

如果你不相信造物主在各類小事的提醒，就無法在做大事時得到祂智慧與知識的協助。當你深刻覺知到某個行動是對的，就放手去做，並充分堅信結果必然是好的；當你深刻覺知到某件事是千真萬確的，就算表面上看來不是，還是要有信心地接受它，並依據這個真相行事。

培養在大事上覺知真理的能力的唯一途徑，就是相信當下對瑣事真理的覺察力。

請記住，你要培養的正是這種能夠辨知真理的非凡能力，你要學習的正是如何了解造物主的思維。在全能的造物主眼中，沒什麼是大事，也沒什麼是小事。祂讓太陽高掛天際，也注意到一隻麻雀墜落，以及你頂上有幾根頭髮；造物主對日常瑣事和國家大事都同樣感興趣。你既然可以察覺家庭或鄰里瑣事中的真理，就能覺知治國之術的道理。

最開始練習的方法，就是必須完全相信存在於這些日常瑣事中的真理，因為真理每天都在我們面前展現。**當你深深覺知到某種力量，驅使你選擇看似與世俗判斷有別的道路之時，就選擇那條路。**你可以聽聽別人的建議與忠告，但永遠要選擇你內心強烈相信是正確的事。無論什麼時候，都要秉持絕對的信念，相信自己覺知的真理，但必須仔細傾聽造物主的指引，不要匆忙、恐慌或焦慮行事。

★ ★ ★ ★ ★

你必須倚賴生命中一切事實與生活環境所覺察到的真理。

如果你深刻感覺到某人將會在某天出現在某個地方，不論這看起來有多麼不可能發生，帶著全然的信念去吧，那個人將會出現在那裡；如果你確實感覺某些人正在一起合作，或是正在做某件事，相信你的感受，他們就是在做那些事；**如果你對任何情況或事件——不論遠近、過去、現在或未來——的真實性有確切感受，請相信你的直覺。**

起初，你對自己內在的理解還不夠完美，難免偶而會判斷錯誤，但很快地，你就會被引導做出正確的判斷；很快地，你的家人與朋友就會開始聽從你的判斷，並接受你的建議；很快地，鄰居和社區也會前來尋求你的諮商與建議……你很快就會被視為能卓越完成瑣事的人，隨後也將經常被邀請去負責大事。

非常重要的是，你必須完全遵循自己的內在之光（inner light）——你對真理的覺察——的指引。服從你的靈魂，對自己有全然的信心，切勿懷疑或不信任自己，或覺得自己會做錯。「如果我審判，我的審判是公義的。因為我不受從人來的榮耀，而是從獨一之神來的榮耀。」❶

❶散見〈約翰福音〉五章三十節、四十一及四十四節。

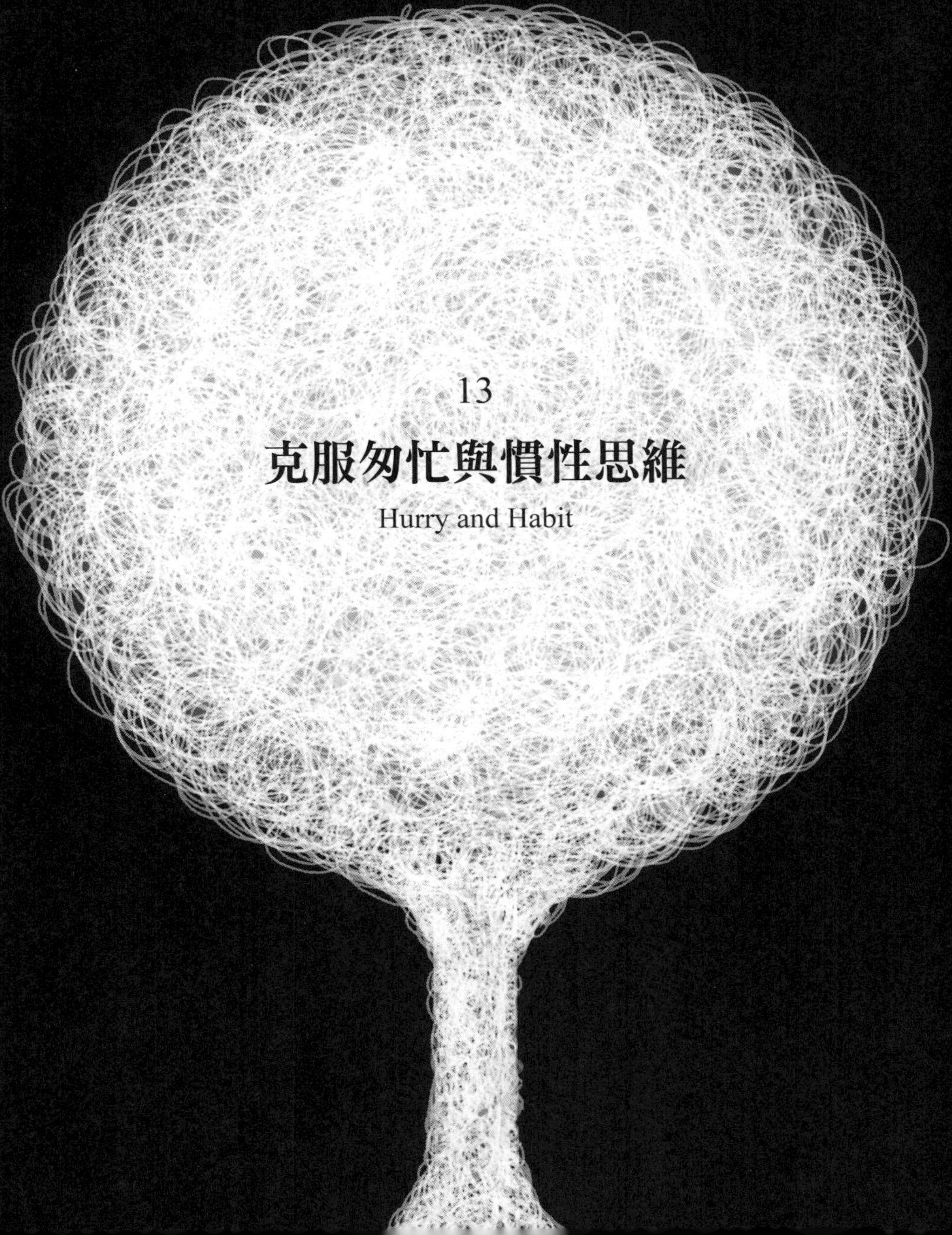

13

克服匆忙與慣性思維

Hurry and Habit

想要改變命運，
要學會沉著穩定並習慣卓越。

毫無疑問的，人生在世總有許多的煩惱，不論那是家庭、社交、身體和財務方面的問題，對你來說，它們都需要立即得到解決才行。

舉例來說，你有必須償還的債務、有必須履行的義務；你對現在的職務並不滿意，覺得必須馬上做點什麼……然而，千萬別因為未經深思的衝動而倉促行事，你必須相信造物主可以解決所有個人的難題。不必急，有造物主在，世界會很美好的。

你擁有無法被攻克的內在力量，你想要的事物也同樣具有這種力量。這種力量會將你渴望的事物帶到你的身邊，也會把你推向你所渴望的事物。你所擁有的智慧，同樣也存在你所渴望的事物當中——你一定要理解這一點，並且隨時謹記在心。**把它們推向你的力量，正和你渴望它們的力量同等強烈和堅定**。因為這樣，只要緊守著這樣的意念，你所渴望的事物就會來到你的身邊；只要懷抱著這樣的念頭和正確的信念，一切就會變得美好。除了你個人的心態，一切都不會有問題；只要你懷抱信任、不恐懼，你的心態就不會有問題。

★ ★ ★ ★ ★

倉促行事是恐懼的外在表現，讓人只顧著憂懼而沒有時間好好思考。若你在對真理的覺察有絕對的信心、信念，做任何事永遠都不會太遲或太早，而且也不可能會出錯。

如果有些事情看似就要出問題了，也不要讓你的心智受到困擾，因為那只是表象而已。除了你自己，世界上沒有什麼事會出錯，而且，只有當你的心態出錯時，才有可能出問題。

因為這樣，一旦你發現自己陷入了激動、憂慮或焦躁的狀態，請先坐下來，好好思考一下，或玩玩遊戲，或渡個假去；也許出遊一趟回來，你就會發現一切都沒事。可以肯定的是，當一個人處在急躁之際，他就已經喪失卓越者的心理狀態。倉促行事與恐懼會立即切斷你與宇宙心智的聯繫，只要你還沒平靜下來，你就得不到任何力量、智慧與想要獲得的資訊。

倉促的心態會妨礙能量之源在內部的運行，恐懼會讓力量變得衰弱。

請記住，沉著與力量是不可分割的。

平靜而平衡的心智是強而有力的，倉促而激躁的心智是虛弱無力的。一旦你陷入倉促的狀態，就會失去正確的觀點，認為整個世界或其中一部分出了錯。

此時，你可以閱讀本書第五章，好好想想這個事實：整個世界和它所包含的各部分，都是完美的；沒有事情會出錯，沒有事情有問題。你要鎮定、平靜、樂觀，要相信造物主。

★ ★ ★ ★ ★

接下來，我們來談談習慣。這可能正是你最大的挑戰——克服舊有的思維習慣，然後形塑新的習慣。

世界，受到習慣所支配。國王、暴君、雇主和財閥之所以霸占其位，是因人們習慣接受他們的特權。現況之所以處於當下這個狀態，不過是因為人們習慣接受這樣的狀態罷了。只要人們改變對政府、社會和經濟制度的思維習慣，他們就會改變這些制度。

我們每個人都被習慣所支配。或許你已經習慣把自己看成一個普通人，自認能力有限，或多少是個失敗者。**你習慣把自己看成什麼樣的人，你就會成為那種人。**現在，你必須養成更卓越、更良好的習慣，你必須形塑一個新概念——你擁有無限的能力——並且習慣想著自己就是這種人。

是習慣——而非偶一為之的想法——決定了你的命運，若是你在日常生活大部分時間裡都覺得自己不好，就算偶而坐下來花幾分鐘確認自己很棒、出類拔萃，恐怕也不會有什麼用；如果你習慣認為自己是無名小卒，說再多的禱詞或肯定自己的話也不會讓你變得卓越。

★ ★ ★ ★ ★

使用禱詞和肯定自己的話來改變思維習慣。任何心理或生理行為，只要

一再地重複，就會養成習慣。心靈鍛鍊的目的，就是要不斷重複特定的思維，直到它們變成條件反射與固定習慣。

持續重複的思維會成為堅定的信念，你要做的，就是重複關於自己的新的想法，直到它成為你對自己唯一的理解。**形塑你成為現在這個模樣的不是環境或境遇，而是你的慣性思維**。

每個人對自己都有一種核心概念或念相，並據此分析、界定他自己的人生經歷，以及與外界的關係。當你界定自己人生的時候，根據的不是「你是個卓越堅強的人」這種看法，就是根據「你是個有限、普通或軟弱的人」這種想法。如果你覺得自己屬於後者，就很有必要改變自己的核心概念。

為自我打造一個全新的心靈圖象，也不要有「只靠重複的字句或浮於表面的公式就成為卓越之人」的妄想，你必須**一再重複地去思考自己的力量與能力**，直到你可以歸類外在的事實，再根據這個概念（指關於自己力量和能力的思考）決定自己的位置。我將在本書後面另闢章節示範更多關於心靈鍛鍊的途徑。

14

持續思辨才會進步

Thought

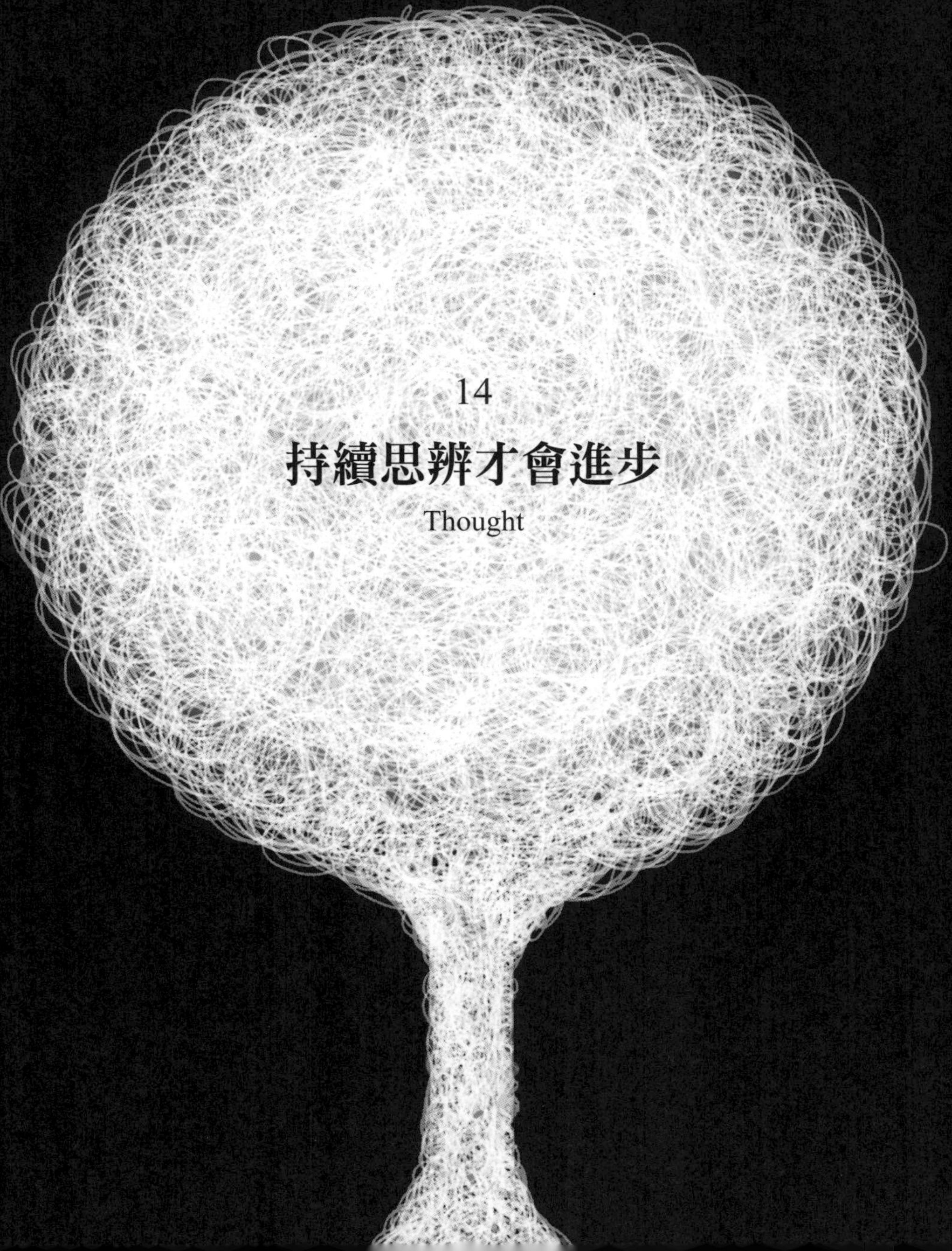

不要逃避思考，
因為行為和性格都是思維的具體展現。

想成為卓越的人，就得持續思考卓越的思維。除非具備卓越的內在，否則一個人不可能將卓越彰顯於外，而唯有透過思考，我們才能具備卓越的內在。**缺乏正確的思維，再多的教育、閱讀或學習，都無法讓人卓越**，相對的，正確的思維卻能讓人利用少少的學習就變得卓越。

總的來說，有太多想有所成就的人只懂得讀書卻不思考，這樣的人終將失敗。**心智不會因為你讀了什麼而成熟，重要的是要對讀過的內容深思熟慮地思考。**

思考是最困難、最使人精疲力竭的工作，讓許多人因而裹足不前。造物主創造了我們，不斷迫使我們持續思考，我們不是思考，就是逃避思考。

多數人浪費閒暇時間追求逸樂，這便是逃避思考。當他們獨處時，若沒有有趣的事吸引他們的注意——例如閱讀或是表演，他們就必須思考，而為了逃避思考，他們訴諸小說、表演，以及娛樂產業提供的各種活動。大多數人都把閒暇時光用來逃避思考，所以只能處於目前的狀態。**除非開始思考，否則我們無法進步**。

讀得少一點，思考得多一點。

你要閱讀卓越的書籍，思考重大的議題。當今的政治環境之中，鮮少有卓越的政治家，反而很多小家子的政客——現在已很少出現林肯、韋伯斯特（Daniel Webster）、克萊（Herry Clay）、考宏（John Caldwell Calhoun）❶或傑克森（Andrew Jackson）❷之類的人了。為什麼？因為當今的政治人物只處理骯髒、普通的瑣事——錙銖必較、權宜行事，只在乎政黨利益、專注經濟議題，而輕忽道德——若思考的都是這類問題，那就無法喚醒卓越的靈魂。林肯及在他之前的政治家關心的是永恆真理、人權正義。思考重大議題的人必須運用卓越偉大的思想，這也讓他們因而成為卓越的人。

是思考造就了人格，而非表面的知識或資訊。思考就是成長，你不可能思考而沒有成長。

★★★★★

每一個思維都會觸發另一個思維；只要寫下一個概念，其他概念便會隨之而來，直到你寫滿整張紙。你無法完全理解心智，它深不見底，也無邊無際。你的第一個念頭也許會有點粗糙，然而只要持續思考，就能發揮更多潛能，大腦細胞的反應會愈來愈快，進而發展出新的能力。只要你持續不斷地思考，遺傳、環境、情境等條件都阻礙不了你，但相反的，若是你不願獨立思考，只會接受別人的想法，你將永遠無法得知自己擁有什麼能力，最終將一事無成。

沒有原創性的思維、想法，就不可能成就卓越。每個人的外在行為，都是內在思考的結果。沒有思維、思想，就不會有外在行為；除非先具備卓越的思想，否則不可能產生卓越的行為。**行為是思維的第二種形態，性格是思維的具體成果。**環境是思維的產物，一切事物都是根據環繞你的思維而匯集與定義。正如愛默生所說的，人生一切的現實，都是依照我們的中心思想或觀念安排與界定；改變了中心思想，就會改變人生現實、生活環境的安排與界定。

你會成為現在這副模樣，是因為你的行為受到思維的控制；你會處於現在這種狀況，是因為你的行為受到思維的控制。

你已讀過前面說明思考的重要性的幾章內容，千萬別用漫不經心的態度接受這些內容，而務必好好地去思考，直到它們成為你的中心思想。

★★★★★

現在，請你回頭想想「觀點」這個議題，從各方面仔細思考以下這個奇妙的想法：你活在一個完美的世界，周遭的人都十分完美，除了你自己的心態，沒有什麼事是錯的。請仔細思考這個觀點，直到意識到這對你而言意味著什麼。

這是造物主所創造的世界，是所有可能世界之中最好的世界。截至目前為止，祂已經運用生物、社會與經濟進化過程帶領世界朝「完成」邁進、發展，這個世界終將會更完美、更和諧。請想一想，有一個偉大、完美、有智慧的生命與力量源頭，造成宇宙萬物的變化；請想想這一切，直到你相信它是真的，理解做為這個圓滿世界的一分子，你該如何生活與行動。

接下來，請你想想這個美妙的事實：你的內在擁有一個卓越的智慧體，它是你個人的智慧。它是內在的光，能驅使你做出正確也最好的事，表現出卓越的行為，並得到無盡的喜悅。它是你內在的能量之源，賜予你所有的能力與天賦。只要服從它，並在光明中行③，它將引領你走向完美。

請你仔細思考，你在奉獻自己的時候說出「我要服從我的靈魂」，這當中的意義是什麼？這句話有著奇妙而驚人的意義，並將徹底改變一般人的心態與行為。請你思考自己與至高無上的造物主的合一，只要你要求，祂的知識與智慧就全都是你的。只要像造物主一樣思考，你就是造物主；只要像造物主一樣思考，你的作為就不可能不像造物主。神聖的思想會具體表現出神聖的生命。有力量的思維會展現出有力量的生命，卓越的思維會表現在卓越的性格。

請你好好思考這些，然後準備開始行動。

❶韋伯斯特、克萊、考宏三人皆曾任美國參議員、國務卿。考宏還擔任過美國第七任副總統。他們同時在參議院的時候，雖然對於奴隸制度存廢的主張互有衝突，為了避免國家分裂，三人合作，主導推動通過了關於奴隸制度的「一八五〇年妥協案」（Compromise of 1850），將內戰延緩了十年。

❷傑克森乘著民粹主義的浪潮當選第七任美國總統。創立民主黨。主張重視工匠和小農經濟，對抗銀行、企業資本家。擴張投票權（但只限於白種男性）對抗「貴族菁英」。

❸〈約翰一書〉一章七節。

15

要優先思考的真理

More About Thought

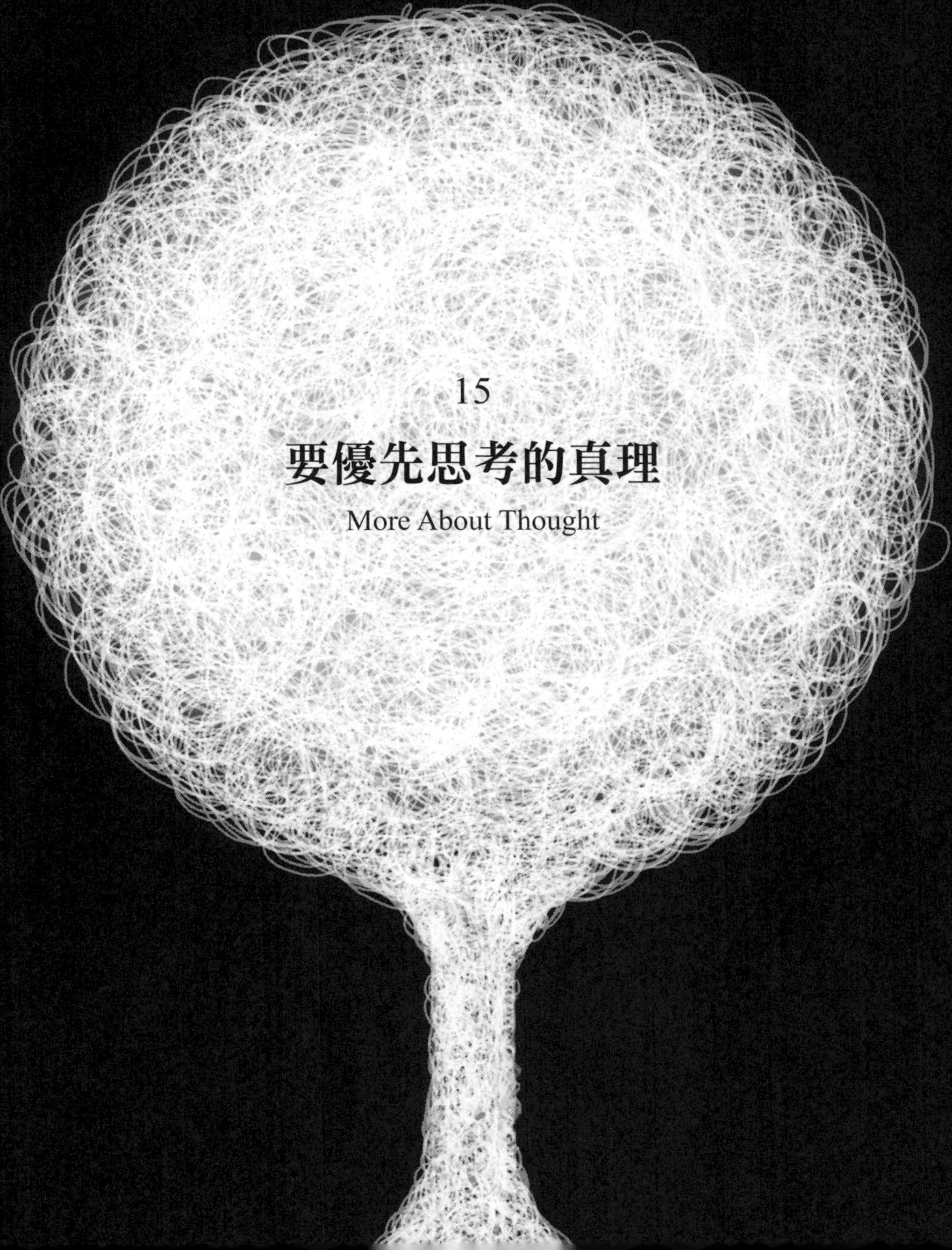

卓越思維的四大要點：
人際關係的真理、正確的個人心態、
人與造物主合一的事實、人類靈魂的偉大與價值。

這章我們要更深入地討論思維。除非你的思維足夠卓越，否則你永遠無法成為卓越之人。因此，最重要的就是思考。

唯有在內在世界思考著卓越的事物，你在外在世界才能做出卓越之事。除非你思考事實與真理，否則你就無法思考卓越的事。思考重大而卓越的事必須絕對真誠；要絕對真誠，就必須確認自己的動機、意圖是正確的。不論你的思考有多麼合乎邏輯或多麼出色，如果不夠真誠或不正確，就不可能造就卓越的表現。

首先同時也是最重要的步驟，就是探究人際關係的真理，了解應該如何對待別人及別人該如何對待你。這又會引領你回頭尋找正確觀點的議題。

我建議你要研究生物與社會演化的相關知識，請閱讀達爾文和米爾斯

（Walter Thomas Mills）❶的作品。一邊讀，一邊思考，徹底地思考，直到你可以用正確的眼光看待世界的人事物為止。思考造物主在做什麼，直到你能看見祂在做什麼。

下一步，**則是思考正確的個人心態**。你的觀點會告訴你什麼才是正確心態——只要你能遵循指引正確心態的靈魂。只有向內在至高無上的心智奉獻自己，你才能得到真誠的思考。

你會發現，一旦自己的目標是自私的，或是你的動機及行為不夠誠實或心術不正，你的思維就不會正確，也不具任何力量。思考你做事的方式，思考所有的動機、目的與行為，直到確定它們是正確的。

★　★　★　★　★

如果你缺乏深刻且持續的思考，你就不可能理解自己跟造物主合一這個事實。

每個人都可以表面上接受這種說法，但是真正去感受它並徹底理解它，又是另外一回事了。走出內在與造物主接觸很容易想像，但要深入內在跟造物主會面，可就沒那麼容易想像了。不過，造物主就在那裡，在你的靈魂聖殿裡，你的確可以與祂面對面。這實在是件十分奇妙的事——你所需要的一切已存於你的內在，你不必考慮怎麼樣才有能力做想做的事，或成為想成為的人。你只要考慮如何以正確的方法運用已經擁有的力量，除了開始行動，你沒有其他選擇！

運用你對真理的覺察，你今天就能發現某些真理；實踐真理，你明天就會發現更多真理。

擺脫老舊、錯誤的觀念，你必須多加思考關於人類的價值——人類靈魂的偉大之處與價值。你必須停止注視人類的錯誤和過失，定睛於人類的成功和善良。

停止挑剔，學習發現優點，不要再把人類看成向地獄沉淪、迷失而衰敗的動物，必須視他們為往天堂上升的閃耀靈魂。你必須練習，才能運用意志力來做到這點，而這正是正確運用意志力的方法——決定你要思考什麼，以及該如何思考。

意志力的作用是引導思維。請好好思考人類善的、可愛的、動人的一面，並努力運用意志力，拒絕思考跟人類善良無關的事。

兩度被社會黨提名為美國總統候選人的德布斯（Eugene V. Debs）[2]，

在這方面做得很成功，他很尊重別人，只要有人求助，他從不拒絕；他不說任何不客氣或批評的字眼；你與他見面時，只會感覺到他發自真誠且親切的關懷。不論是百萬富翁、骯髒的工人或辛勞疲憊的婦女，每個見到他的人，無不感受到他真誠、有如手足般的熱情與溫暖；就算是衣衫襤褸的小孩在街上跟他說話，也會感受到溫柔的關心。德布斯熱愛著人們，這使他成為運動領袖，成為百萬人心中敬愛的英雄，也因而讓他的名字永垂不朽。

如此關愛人類是偉大的，這只能經由思考才做得到，只有思維能讓一個人卓越。

★　★　★　★　★

「我們可以把思想家分成獨立思考與透過別人思考的人。後者通常遵循常規，前者則經常打破傳統。前者是雙重意義的『原創思想家』，也是發揮『自我中心者』這個詞最崇尚意義的人。」

——叔本華❸

「對每個人來說，最重要的是其思維。看起來再堅強剛毅的人，內心還是會服從某個原則，那就是他個人的觀念，他會依據這個觀念界定自己的言行。只有引領他接受一個取代既有觀念的新觀念，他才會改變。」

——愛默生

「一切真正具有智慧的思想都經歷千百次的思考，但要讓它們真正成為我們的思想，我們必須一而再、再而三的思考，直到這些想法深植在我們的行為當中。」

——歌德

「一個人的一切外在表現，都是其內在思想的完整展現。工作要有效率，就必須思考清楚；行為要高尚，就必須要有高尚的思維。」

——查寧（William Ellery Channing）❹

「傑出而卓越的人了解，精神比物質力量更加強大，也知道支配世界的是思維。」

——愛默生

「有些人一輩子都在學習，他們臨終時已經學到了一切，就是沒有學會思考。」

——多梅爾格（Francois-Urbain Domergue）❺

「慣性思維會限制我們的生命。它影響生命的程度，比最親近的社會關係還大。即使是再推心置腹的朋友，也沒能像我們心中的思維那樣，規劃形塑出我們的生活。」

——J・W・泰爾（J. W. Teal）❻

「當神在這個星球創造了卓越的思想家，一切都變得岌岌可危。任何科學都將被徹底檢視，任何的文學美名或所謂的『永恆的名聲』都會被蔑視與譴責。」

——愛默生

思考！思考！！思考！！！

❶美國社會黨主要領導人之一。

❷美國工會領袖，世界產業工人聯盟（Industrial Workers of the World，IWW）、社會民主黨、社會黨的創始人之一。自一九四〇年起，曾五次代表社會民主黨或社會黨參選總統。本書原著出版於一九一〇年，作者逝世於一九一一年。故於書內提及的參選次數只有兩次。

❸德國哲學家，強調意志對外在世界的影響。

❹美國神學家。是基督教「一位論派」（Unitarianism）在十九世紀最主要的倡導者之一。反對美國傳統基督教「加爾文主義」的「三位一體論」。主張人是善的，有「跟神一樣」的潛能，天啟（神的真意的顯示）可以從理性思考而獲得，不是只能從聖經的經文裡去理解。

❺法國語法學家。

❻心理學家、商業領袖。

16

從家裡做好自己的本分

Action At Home

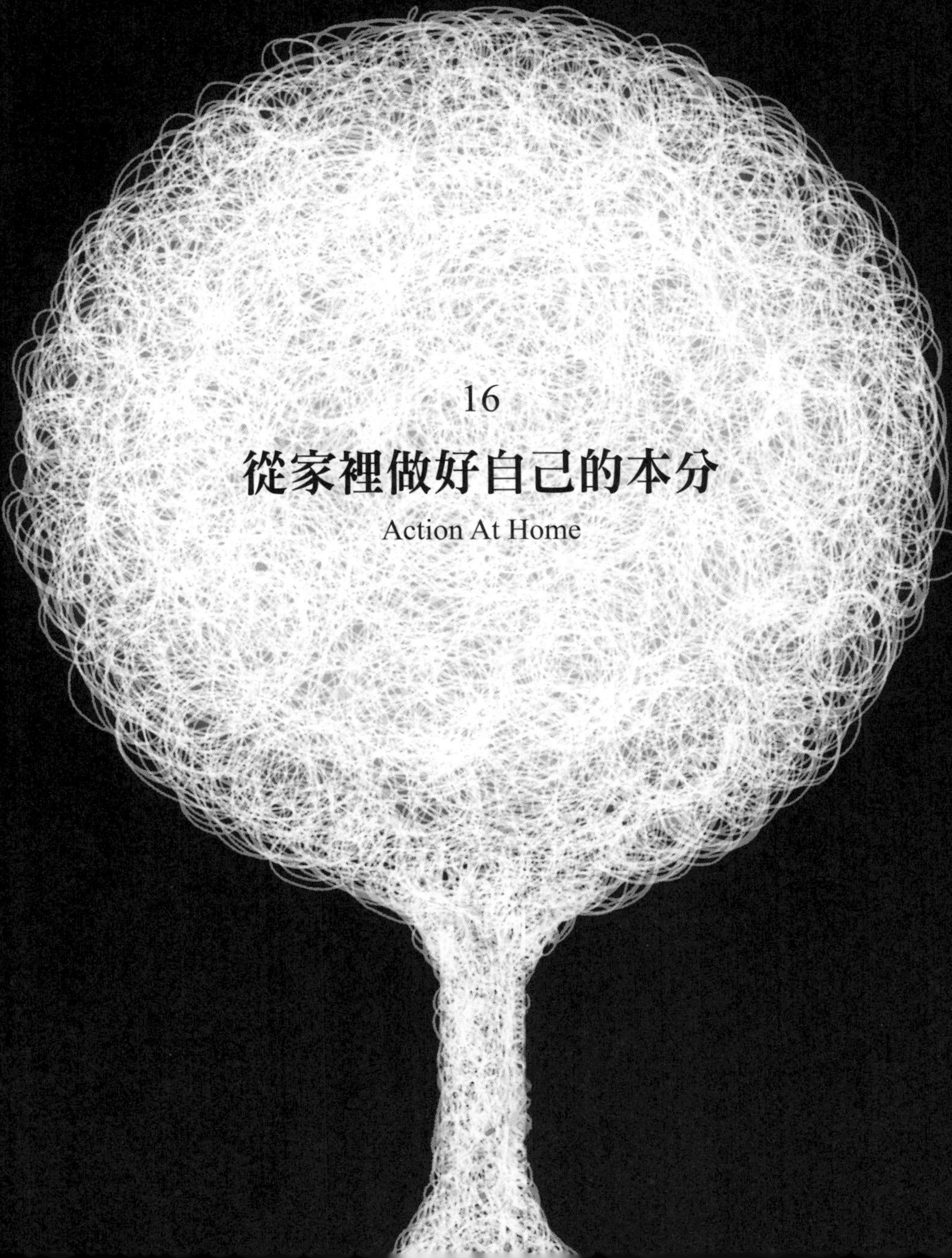

「現在」，從家裡開始
就讓自己維持在你能想到的最美好狀態！

你不能只是想像將成為卓越的人，此時就該認為自己卓越；你不能只是想像將以卓越的方式行動，現在就要卓越地行事；你不能期待自己在環境改變後會很卓越，在當下就該表現卓越；你不能等到處理大問題時再表現卓越，處理瑣事時就該表現卓越；你不能認為跟更多聰明的人相處才會表現得很卓越，現在就該以卓越的方法與人互動。

就算未處於適當時機、能發揮最大潛力與才幹的情境，你仍然要有卓越的表現。林肯在窮鄉僻壤當律師的時候，就跟他在當總統時表現的一樣，身為一名鄉下律師，他以卓越的方法處理一般性事務，正是那樣的行事風格使他成為總統。如果他要等到了華盛頓之後才變卓越，只會一輩子默默無聞。使一個人卓越的，既非他所處的環境，也不是圍繞在他四周的事物；一個人也不會因為從別人身上得到什麼而變得卓越，更別說，一旦倚賴別人，就不可能表現得卓越——只有當你能夠獨立了，才有辦法展現出你的卓越。

拋棄依靠外在條件的念頭吧——不論是物質、書本或其他人！正如愛默生說的：「研究莎世比亞永遠不會成為莎士比亞。」是莎士比亞的思維造就了莎士比亞。

★ ★ ★ ★ ★

不必介意周遭的人——包括家人——是如何對待你，這與你是否卓越無關。他們對你的態度，無法阻止你成為卓越的人。別人可能忽視你、對你無情無義，難道就這會防礙你以卓越的方法和態度對待他們？耶穌說：「恩待那忘恩的和作惡的。」❶如果造物主因人類忘恩負義就轉身離去，祂還算偉大嗎？請寬宏大度地對待忘恩負義與作惡多端的人，就像造物主那樣。

不要誇耀自己有多卓越，其實就本質而言，你不比其他人更卓越。或許你已經擁有某些很好的生活與思考方式，而他們還沒發現，但就他們當下的思維和行為標準來說，已經夠完美了。**一個人並沒有資格因為卓越就要得到特殊的榮耀或尊重。**

你是造物主，你的周遭也都是造物主。你發現別人的短處和失敗，並拿他們跟自己的優點和成就比較，就是自誇。**一旦陷入自誇，你就不再卓越，而會變得渺小。**視自己為眾多完美之人的一分子，平等對待每個人，不必比較誰好誰壞，也不必趾高氣昂——卓越的人絕不會如此！不要求榮譽，也不強求認可。若你有資格得到榮譽與認可，它們自然很快會加諸於你。

★　★　★　★　★

從家裡開始實踐吧！一個在家鎮定、自信、平靜、親切而體貼的人，就是卓越之人。若你在家時的舉止和態度能維持在你所能想到的最完美狀態，將很快就會為人所倚重，成為別人的倚靠、支柱，你會被人擁戴與欣賞。

與此同時，在為人效勞與提供協助時，別讓對方過度依賴你。**卓越的人懂得尊重自己，他願意提供服務與協助，但不會像奴隸一樣卑躬屈膝**。若是你把自己當成家人的奴隸，替他們做他們該做的事，這其實對他們一點幫助也沒有——**過度服侍別人，其實是害了對方**，拒絕自私者過度的要求，反而是對他們好；理想的世界不是每個人都得被人服侍，而是人人服侍他自己。親切地回應別人的需要，但別讓自己變成那些反覆無常、難以取悅、不把人當人的家人的奴隸；這麼做不是卓越偉大，反而會害了對方。

不必為家人的失敗或犯錯擔心，覺得自己必須出手；不必看到有人似乎就要出錯了而心亂，覺得自己必須介入，幫他們改正……記住，每個人就他當下的階段來說都是完美的，你無法改善造物主所創造的事物。**不要干涉別人的習慣與作為，即使他們是你最親近的人。**除了你自己的心態，沒有什麼會出錯，只要你的心態正確，就會發現一切都是正確的。當你能接受那些做人處事不同道的人，並克制自己不批評或介入，你就是真正卓越的人。

做你該做的事，並且信任家人會做該做的事。

任何人或任何事都沒有錯。看，一切都甚好。不要被別人奴役，同時也要注意，**不要用自己認為「正確」的觀念奴役別人。**思考，深刻且持續地思考，盡可能友善與體恤別人。**你必須視自己為眾神之一，而不是劣等生物之中的神。**這，就是你在家卓越的方法。

❶〈路加福音〉六章三十五節。

17

在外也要和在家一樣

Action Abroad

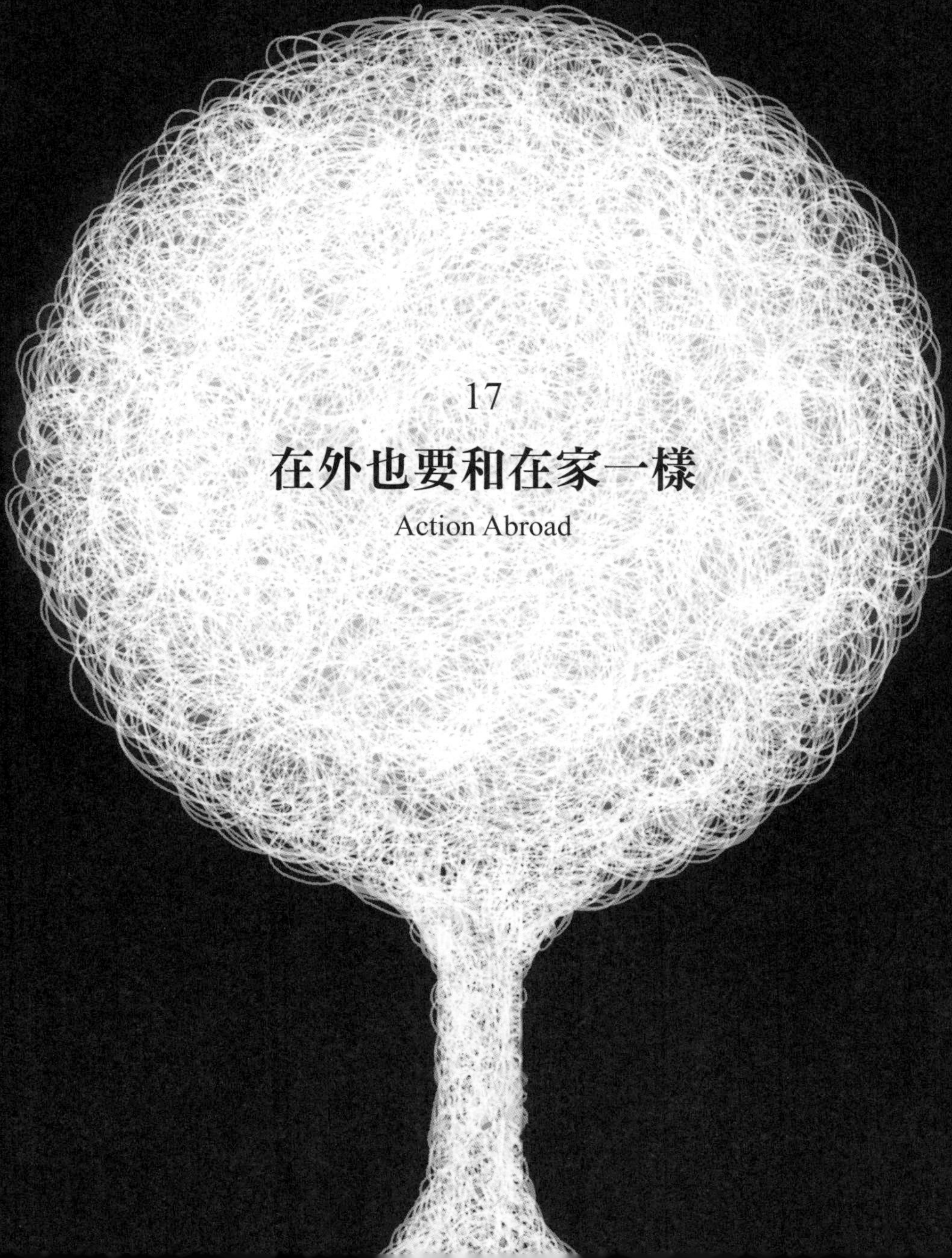

相信你是完美的，相信別人也是完美的，
你只需要做好你自己。

在家的行為原則也同樣適用於你所在的任何地方。時時刻刻都不要忘記——這是個完美的世界，你是眾神之一，你跟最卓越的人一樣卓越，但每個人都是平等的。

你必須無條件信賴自己對真理的覺知。你要信賴內在的光，而不是理性，但要**確認自己對真理的覺察是來自內在的光**；行事要沉著、鎮定、平靜；默默地侍奉神。讓自己與全知全能的心智合而為一，你將會得到一切知識，以做為因應自己或其他人生命中各種狀況的指引。你唯一需要做的就是維持萬分的沉著、鎮定，依賴內在的智慧。只要沉著、冷靜又有信念，你的判斷就會正確，也永遠會知道該做什麼。

不要倉促或憂慮，記住林肯在戰爭黑暗期是怎麼做的。克拉克（James Freeman Clarke）[1]說，在弗雷德里克斯堡之役[2]後，林肯獨自一人給國家燃起了信心和希望，數百位從全國各地來的菁英帶著悲傷走進他的辦公室，離開時卻面帶喜悅並懷抱希望；他們與至高無上的存在面對面了——雖然，他們知道林肯並不是上帝，但他們在這個削瘦、其貌不揚卻很有耐心的人身上，看到了上帝的身影。

★★★★★

要對你及自己在面對各種可能狀況的因應能力有全然的信心。不必因為孤單而心神不寧，如果你需要朋友，他們就會適時出現在你面前；不必因為覺得自己很無知而惶恐不安，你會在需要得到這些資訊時得到它。在內在驅使你向前的力量，也存在於你需要的人事物裡，這個力量會驅使它們向你而來。假使你必須認識某個人物，就會有人把他介紹給你認識；若你必須讀某本書，等正確的時機到了，它就會出現在你的手上。你需要的一切知識，會從內在與外在的來源出現在眼前，你的資訊與才能一定可以滿足你在各種場合的需要。

記住，耶穌曾告誡門徒不必憂慮在判官面前應該說什麼❸。祂知道，他們內在的力量就足以因應他們所需。只要你被喚醒，開始以卓越的方法使用自己的能力，你就會把力量應用於大腦的發展，新的細胞會生成，休眠中的細胞會快速運作，讓大腦足以勝任你所有的需求，成為心智完美的工具。

★ ★ ★ ★ ★

別急著做重大的事，除非你準備好用卓越的方法行事。若是你以平凡的做法承擔、處理大事——也就是從最低的觀點出發，無法徹底投入，信念與勇氣亦會搖擺不定——最後絕對會失敗。**別倉促著手做大事，做大事並不會**

讓你成為卓越的人，但變得卓越卻會引領你做大事；從你所在之處及日常所做的每一件事開始做起，不必急於被人發現或認可你是一個卓越的人。

如果你依照本書的內容實踐一個月後，還沒人提名你擔任某個要職，也不必感到失意沮喪。卓越的人不追求認可與掌聲，想因卓越而希冀得到回報，算不上是個卓越的人；卓越本身就是一種回報，一個人能成就某些事、知道自己正在進步，就是人類所有快樂中最快樂的一件事。

★ ★ ★ ★ ★

假使你按照前面章節所述從在家時開始做起，用同樣的心態對待鄰居、朋友及工作夥伴，你很快就會發現人們開始依賴你。人們會開始徵詢你的建議，有愈來愈多人期待從你身上獲得力量與靈感，並仰賴你的判斷。

和在家裡一樣，你必須避免干預別人的事。你可以幫助所有前來求助的人，但不要介入或過度熱心改正他們什麼。少管閒事，糾正別人的品德、習慣或行為，不是你人生的要務。過好你卓越的生活，以卓越的精神與方法做大小事，別人若有所求，就慷慨地給予，就像你得到的一樣——但別把自己的協助或意見強加在他們身上。鄰居想吸菸或喝酒，那是他的事，除非對方徵詢你的意見，否則這就不關你的事。過好卓越的生活，而且不說教，你拯救的靈魂將是過平庸生活且整天說教的人的一千倍。

只要你對世界懷抱正確的觀點，別人就會從你的言行中覺察到並受到影響。你只需秉持自己的觀點身體力行，不必硬要改變別人、要他們接受你。如果你的全心奉獻很完美，也沒有必要告訴別人，他們很快就會感覺到，你受到比普通人更高原則的指引；如果你與造物主的關係完整而合一，不必向別人解釋，它將不言而喻。

一個人的卓越之所以會為人所知，根本不是因為他特意做了些什麼，只需要身體力行地好好活著。別以為你必須斥責這個世界，像唐吉軻德持著長矛衝向風車般推翻一切普通的事物，以突顯自己的超凡出眾、證明自己是號人物。

你不必一心尋找大事來做，只要在日常生活中表現卓越，重責大任自然就會自動找上門來請你承擔。

★ ★ ★ ★ ★

請把一個人的價值牢印心中，即使是面對一個乞丐或流浪漢，都要心懷體恤與非凡的尊敬。一切都是神，每個人都是完美的，你的舉止態度必須表現得像是神在與眾神的互動。請不要吝於給窮人尊敬，百萬富翁跟流浪漢同樣美好，這是個圓滿而美好的世界，沒有任何人或任何事物是有問題的——在處理一切人事物時，請務必記住這點。

請仔細在腦海裡勾勒出你想成為的形象，按照你的期望打造出自己的念相，堅信它一定會實現，並且下定決心實現它。像造物主一樣地做每件平凡的事，像造物主一樣地說每個字，像造物一樣地對待不同階級的人。只要你這麼做，並且持續做下去，你的能力和力量將會變得優秀而迅速地成長。

❶美國神學家。

❷是美國內戰中期（一八六二年十二月）的重要戰役。北方軍在此被南方軍大敗，傷亡慘重。該城位於美國維吉尼亞州東北部。

❸〈路加福音〉十二章十一節。

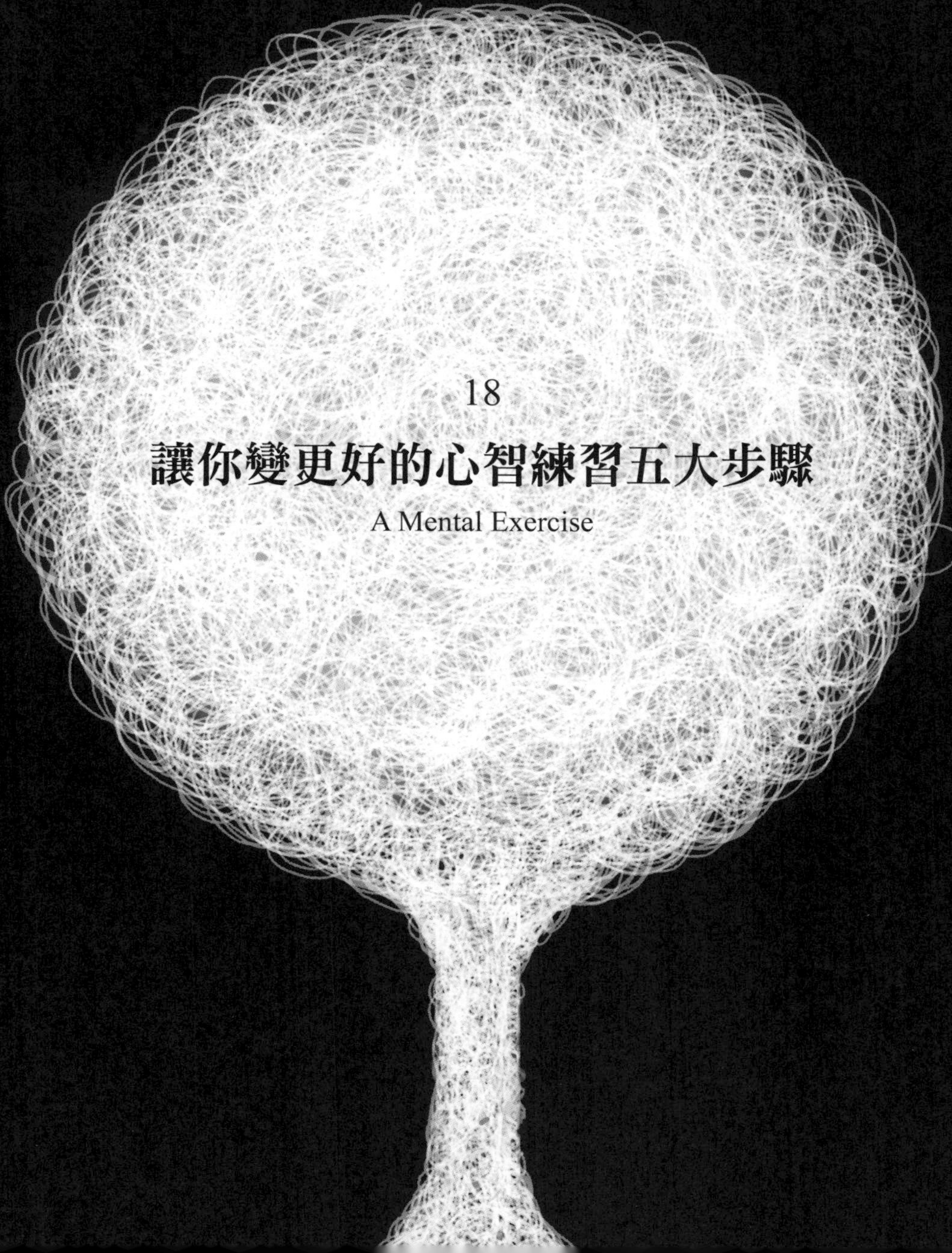

18

讓你變更好的心智練習五大步驟

A Mental Exercise

重複正確的思維，反覆思考以成習慣，
就能成為你想成為的美好模樣！

不要誤解心智練習的目的，咒語或一連串公式化的字眼沒有任何意義；複誦禱詞或咒語並不是心智發展的捷徑。**心智練習是一種思維的實踐，不單單只是反覆某些字句而已。**

正如歌德說的，**重複聽到的字句會形成我們的信念，反覆思考的念頭會成為習慣，進而形塑出我們的人格。**

進行心智練習的目的，就是一再重複某些思維，直到養成思考它們的習慣，然後，它們就會永遠成為你的思想。了解心智練習的目的，並使用正確的方法練習，具有極大的價值與意義。但如果像多數人一樣看待心智練習，非但無益，反而有害。

以下這些練習包含的思維，就是你應該思考的項目。每天必須練習一至二次，並且持續不斷思考這些想法，而不是每天想個兩次、每次幾分鐘，然後什麼都忘了，直到下次練習時才又想起來。這個練習是為了加強印象，讓你可以持續思考。

心智練習Tip

每天利用二十分鐘到半小時，找個不受到干擾的地方，讓身體儘量放鬆，舒服地躺在模里斯椅①、長沙發或是床上，最好平躺下來。如果找不出時間做，就請在晚上睡覺以前，以及早晨起床以前練習。

首先，將注意力從頭到腳掃描一遍，放鬆注意力所到之處的每一塊肌肉。完全放鬆。

接下來，忘掉身體病痛及其他痛苦，將注意力順著脊椎而下，透過神經直達身體的末端。請你一面這麼做時，一面想著：「我全身每一條神經都很完美，它們服從我的意志，而且我神經的力量十分強大。」接下來，把注意力集中到肺部，想著：「我的呼吸既深又平和，空氣進入肺裡每個細胞，我的肺部功能都很正常，而我的血液十分純淨。」接著把注意力移到心臟：「我的心臟強健有力地跳動著，血液循環十分良好，可以流到身體的末梢。」繼續把注意力轉到消化系統：「我的腸胃功能運作良好，吃進去的食物都被消化吸收，我的身體得到滋養與成長。我的肝、腎和膀胱的功能都很正常，沒有疼痛或受損。我很健康。我的身體得到了放鬆，心智平靜，靈魂安寧。」

「我不擔心財務或任何問題。在我內在的造物主也在一切我想要的事物裡，驅使著它們向我而來。一切我想要的，都已經賜予我了。我不擔心健康，因為我身體很好。我沒有任何憂慮，也不會感到恐懼。」

「我超越一切導向道德邪惡的誘惑，拋開了一切貪婪、自私及狹隘的個人野心。我不會心懷嫉妒、惡意或憎恨。我不做任何不符至高理想的事情。我很正直，永遠做正確的事。」

正確的觀點

世界上一切都很美好；它是完美的，正朝著圓滿發展。我只用這個至高觀點去思考社會、政治和經濟議題。看哪，一切都甚是美好。我用同樣觀點看待人類，包括所有認識的人、朋友、鄰居及家人，他們都很好。宇宙沒有問題，**除了我自己的心態以外，沒有什麼事會出錯**。從今以後，我要保持正確的心態，全心全意倚靠神。

全心的奉獻

我聽從我心靈的召喚，忠於內心至高無上的理想。我要向內尋找存在於萬事萬物的純粹想法，並將這樣的想法展現於外。我要拋棄因成長而不再適用的一切，向著所能想像的最高境界邁進。我要以最崇高標準思考如何處理人際關係，我的態度和行為都要展現出這些思想。我把身體交給心智主宰，並將心智交給靈魂管轄，而靈魂必須臣服於造物主的引領。

自我認知

只有一個本體和源頭，我是祂所創造的，與祂是合一的。祂是造物主，我從祂而來，並繼續向祂前進。我與造物主合一，造物主大於我，我依照祂的意志行事。我臣服於純粹心靈，並有意識地與它合一，它是唯一的，且無所不在。我與永恆的意識合為一體。

打造理想

用你能想像的最高理想，形塑你想成為什麼的意象，花點時間仔細思考它，並緊守著這個信念：

「這是真實的我，它是我自己心靈的圖像，它十分完美，並朝向著圓滿完整而發展。我要用同樣的觀點看待所有人，所有認識的人、朋友、鄰居及家人。他們都很好。宇宙一切都沒有問題，除了自己的心態，沒有什麼事會出錯。從今以後，我要保持正確的心態，全心全意倚賴神。」

把理想實踐

我賦予自己力量，成為自己想要成為的人，做我想做的事。我使用創造性的力量，一切力量都是我的。我擁有力量與充分的信心，站起來，走出去。我會以造物主的力量做偉大美好的事，我相信，不恐懼，因為造物主與我同在。

❶ Marris chair，一種可調整椅背斜度的安樂椅。

Part 3

生命的責任與價值

我們的責任就是盡可能成為卓越的人。

Our duty is to become as great in personality as possible.

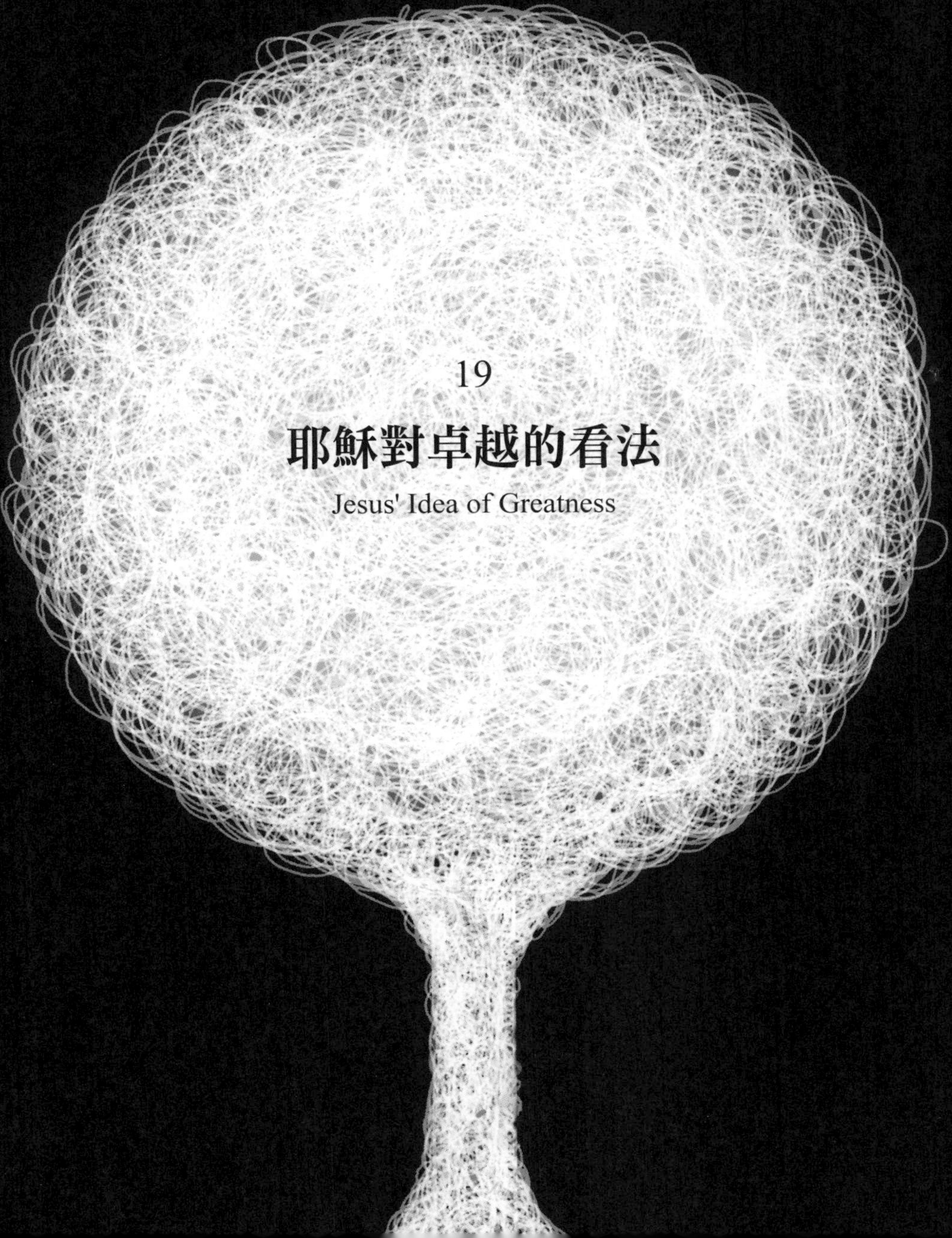

19

耶穌對卓越的看法

Jesus' Idea of Greatness

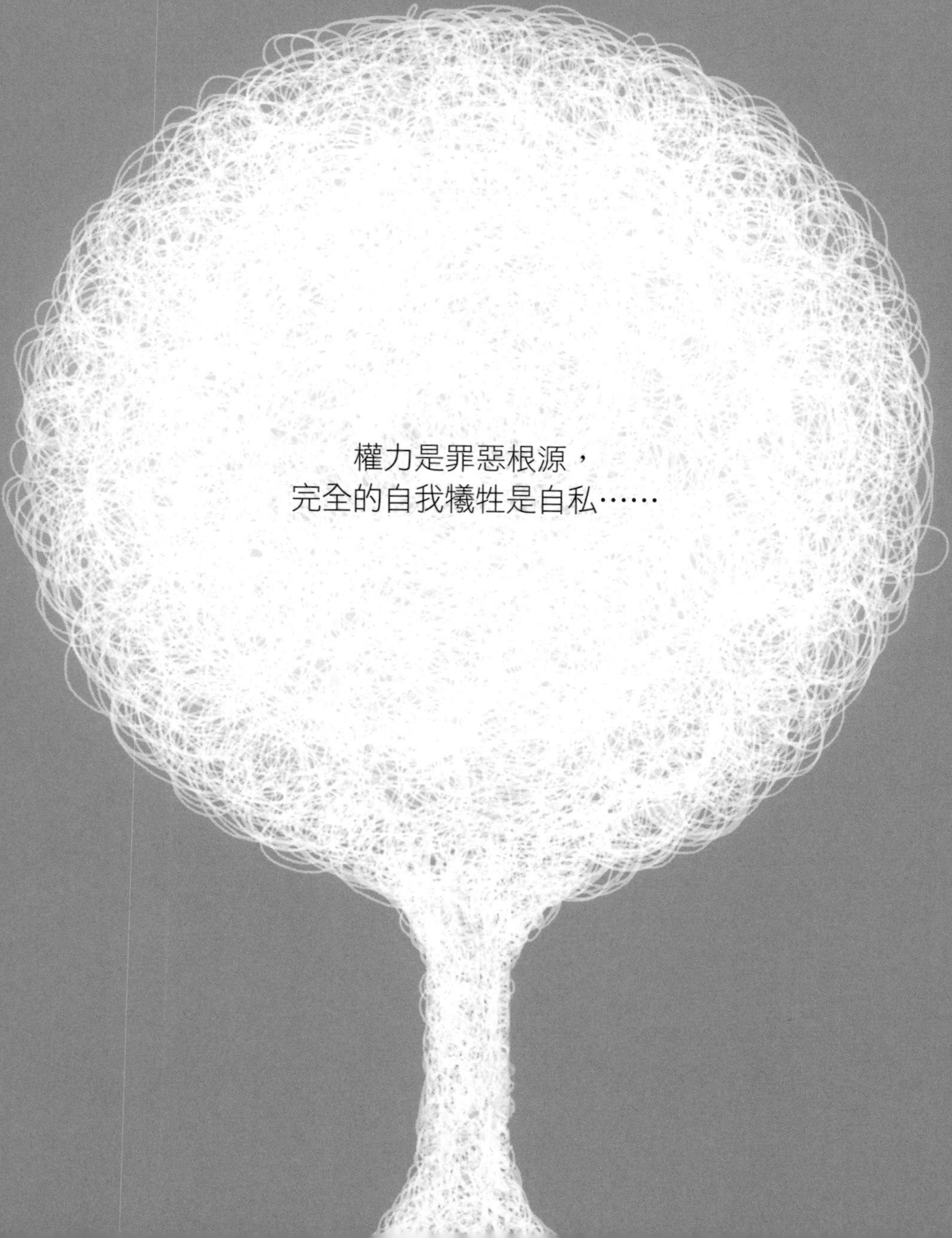

權力是罪惡根源，
完全的自我犧牲是自私……

在〈馬太福音〉第二十三章裡，耶穌明白區分了真卓越與假卓越，並指出追求卓越的人的極大危機——

所有想要往上爬的人，都必須小心避免受到誘惑，並且與詭詐陰險的誘惑戰鬥。

祂跟眾人與門徒說話時，囑咐他們要小心提防，不要學法利賽人。祂認為，儘管法利賽人公正無私、是受人尊敬的法官，更是忠實的立法者，待人也很誠實，然而他們「喜愛筵席上的首座，又喜愛人在街市上問他安，稱呼他夫子、夫子。」與這種行為相較起來，耶穌說：「你們中間誰為大，誰就要做你們的僕人。」[1]

在一般觀念裡，有成就的人總是別人為他服務，而不是他為別人服務。

他擁有指揮別人的地位，可以對別人施展權力，要求別人服從。對多數人而言，能支配別人是很了不起的事——尤其是對自私的靈魂來說，沒有比這更誘惑人了。

你會發現，自私、心智不成熟的人總愛對他人做威做福，控制別人。尚未開化的野蠻人在地球出現時就開始奴役彼此；世代以來，戰爭、外交、政治與政府之間的鬥爭也都是為了控制別人；王公貴族為了擴展領地與權力而統治更多人，甚至不惜用血與淚渲染大地。

★ ★ ★ ★ ★

就統治法則而言，今日商場的搏鬥與百年前歐洲戰場沒什麼不同。英格叟（Robert G. Ingersoll）❷無法理解，為什麼像洛克斐勒和卡內基這類已擁有無盡財富的富豪，還會想追求更多財富，把自己變成商場的奴隸？這簡直就是瘋狂！他以下面這段話解釋：「假設某人有五萬條長褲、七萬五千件背心、十萬件外套和十五萬條領帶。如果他每天天還沒亮就起床，一直工作到天黑，風雨無阻，就只是為了多擁有一條領帶，你覺得這個人究竟是怎麼一回事呢？」

這個比喻不是很恰當。擁有領帶不會讓人擁有控制人的權力，但有錢卻可以。洛克斐勒、卡內基所追求的其實不是金錢，而是權力——這是法利賽人的信條，為了爭奪權位而鬥爭。**遵循這樣的信條雖然可以培養出能幹、精明、足智多謀的人，卻無法造就卓越的人。**

我希望你能夠仔細分辨這兩種卓越的差別。「你們中間誰為大，誰就要做你們的用人。」如果我站在美國民眾面前問道：「誰是美國最偉大的人？」大部分的人會想到林肯。這難道不是因為林肯一生為國服務，做得比起他人更多，而我們認同他的服務精神嗎？請注意，不是卑躬屈膝的服侍，而是服務。

林肯是偉人，因為他知道如何做個卓越的公僕。拿破崙很能幹、冷酷、自私、總是在追逐權位，相較起來，林肯很卓越，但拿破崙稱不上卓越。

★★★★★

從你開始往上爬、被肯定卓越的那一刻起，你就會發現自己身陷危機之中，因為你有時會難以抗拒幫助、指點或指導別人的誘惑。

不只這樣，你還要避開另一種危險，那就是——放棄自我，淪為服侍別人的奴隸。很多人誤以為完全犧牲自我的生活，才算是活得跟耶穌基督一樣，在我看來，這完全是誤解了耶穌的性格與教誨。

我在拙作《新的基督》裡討論過這種誤解，希望大家有機會可以去讀一下。成千上萬的人自以為是地模仿耶穌，他們貶低自己，放棄一切，只為了行善——極端的奉行利他主義，其實跟絕對的自私一樣病態，完全悖離了卓越的精神。

回應痛苦的哭喊雖然是本能，但不應該是你追求的一切，更不是人生最精采的部分。

每個偉人絕大部分的人生都是在助人，然而，除了幫助不幸的人們，還有其他的事得做。只要你開始向上提升自己，人們就會來找你，不要拒絕他們，但是千萬不要犯了這種致命的錯誤：以為為了他人完全犧牲自己，才能成就卓越。

★ ★ ★ ★ ★

我再舉另一件事實為例。史威登堡（Emanuel Swedenborg）❸對人類動機的分類，與耶穌的說法如出一轍。他把人分為兩種：一種人活在純粹的愛裡，另一種人活在他稱為「因自戀而控制別人的愛」。

可見的是，後者與法利賽人追求權位的欲望如出一轍。史威登堡認為這種**自私的權力之愛，是一切罪惡的根源，是人類內心唯一的邪惡欲望**，所有的罪惡都是由此而來。斯威登堡認為，純粹的愛與這種愛是對立的——他並沒有說明純粹的愛是指對神的愛或是對人的愛，只說是愛。幾乎所有宗教狂熱者對神付出的愛與服務，都高過對於別人的愛與服務，然而，對神付出愛並不足以將一個人從權力欲望當中拯救出來——事實上，某些極端崇拜神的人，往往就是最惡劣的暴君。熱愛神的人經常是暴君，愛人的人則經常過度熱心、愛管閒事。

❶〈馬太福音〉二十三章六、七、十一節。

❷律師、演說家，以主張「不可知論」聞名。

❸瑞典科學家、神學家。中年以前是科學家，是研究人類大腦的先驅，五十三歲時因個人特殊經驗，轉而鑽研神學。他的神學思想，成為後來基督教的「新教會」（New Church）派的源頭。

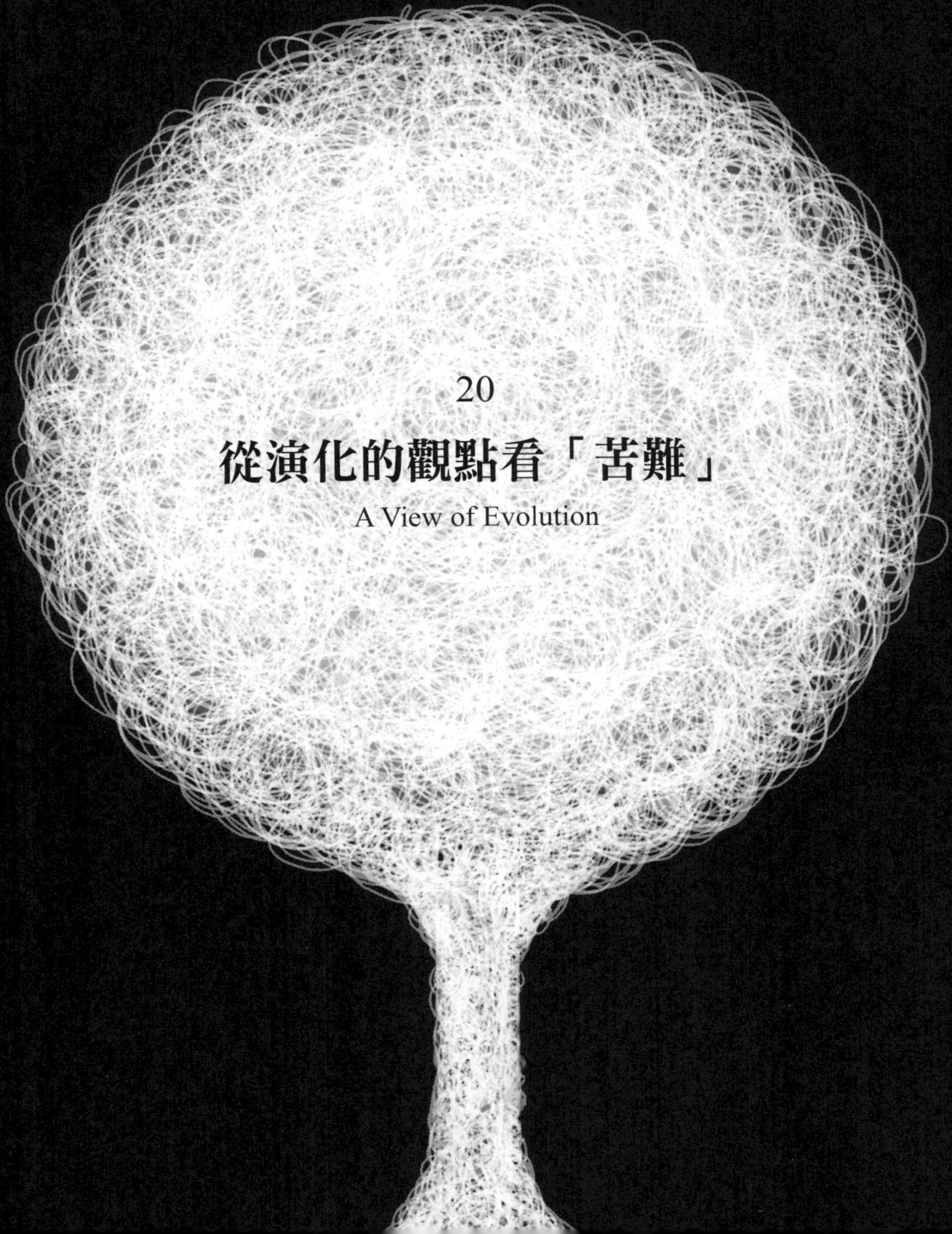

20

從演化的觀點看「苦難」

A View of Evolution

萬事萬物都是造物主的展現，
並透過演化將哭喊、痛苦消解成愛與公義！

如果你的身邊有許多貧窮、無知、苦難與有著悲慘遭遇的人，該如何避免自己投入極端的利他工作？當人們面對無數貧窮匱乏、滿佈皺紋的手從四面八方湧來要求援助，一定會很難拒絕給予持續的幫助。再者，弱勢者常遭受不當與不義的對待，會激發我們慈悲的靈魂，進而產生無法克制、想伸張正義的欲望。我們會想要發起一場改革運動，認為除非全力投入，否則錯誤將無法修正。

說到這裡，我們必須回到看待世界觀點的議題，請記住，**這個世界並不壞，而是正在往美好世界發展的過程**。

毫無疑問的，地球有一段時間並不存在任何生命。根據地質學的證據顯示，地球曾是一團燃燒的氣體和熔岩，被沸點以上的蒸氣所包裹著，這點是無庸置疑的。我們不知道生命在這種條件下如何存在，想要在這樣的環境生存看起來似乎是不可能的。地質學告訴我們，後來地球的地殼形成了，地球逐漸的冷卻、變堅硬，蒸氣濃縮成了雲霧，降落成了雨。冷卻的表面碎裂成土壤，水汽累積變成池塘與海洋，最後在水中或陸地上孕育出了生命。

我們可以合理假設，最初的生命是單細胞生物，不過，在這些單細胞的背後，有股堅持不斷的精神驅力——偉大的生命體在尋求展現的機會。很快地，有機體自行衍生出更多的生命，從單細胞變成兩個細胞或多細胞，然後繁衍生出愈來愈多的生命。

多細胞有機體形成，很多植物、樹木、脊椎動物與哺乳類陸續誕生，它們或許外形很奇怪，但就本質來說，卻都是美好的，因為萬事萬物都是造物主所創造的。毫無疑問的，那些奇形怪狀、有如怪物的動植物，其實很符合當時存在的目的，一切都很優異。

然後，那天到了——演化過程最偉大的日子。那一天，晨星同聲歌唱，神之子高聲歡呼，共同見證蒙昧時代的結束。因為從萬物源起就被瞄準好的目標——人類——終於出現了。那是一種很像人猿的生物，與其他生物外表沒有太大不同，但成長與思考能力卻有極大差距。對人猿來說，藝術與美、建築與歌唱、詩與音樂，這一切都是他們靈魂裡不存在的，然而就時空背景及本質而言，他們非常完美。

★ ★ ★ ★ ★

保羅說：「因為你們立志行事，都是神在你們心裡運行，為要成就祂的美意。」❶從人猿出現的第一天起，神就開始在人類的心裡運行，並投注愈來愈多的心力在每個新世代的人類身上，鼓勵他們實現更大的成就，在社會、政治及家庭各方面取得更好的環境。有人在回顧古代歷史，看到昔日惡劣的狀況，包括各種野蠻殘暴、偶像崇拜及苦難時，會認為這一切與神有關，並認為祂對人類既殘忍又不公平，其實不該這麼想。從人猿發展到基督徒的出現，人類必須有所提升，而只有不斷發掘大腦可能擁有的力量與可能性，人類才有可能進步。

造物主渴望以生命的形態展現自己，而且不只如此，祂藉由生命形式從至高的道德與精神展現自己。祂想使生命形態演化，讓這個生命可以像造物主一樣存在，並且展現自己——這就是演化力量的目的。隨著時間的推移，戰亂、殺戮、苦難、不義及殘酷，逐漸被愛與公義給消解，這使人類的大腦得以發展到一定程度，並有足夠能力充分展現造物主的愛與公義的結果。

不過，這一切尚未結束，神的目標可不是只挑幾個樣本做為展示品——就像盒子最上層的漿果總是特別漂亮，祂想做的是讓全人類都十分完美。神在地上建立樂園的時刻必將來臨，在帕特莫斯島（Isle of Patmos）做夢的人❷已預見了那個時刻——那時將不再聽到哭喊，不再感到痛苦，因為這些都會過去，那裡將不再有黑夜。

❶〈腓利比書〉二章十三節。

❷〈啟示錄〉中使徒約翰在這個島上獲得啟示。該島隸屬希臘。

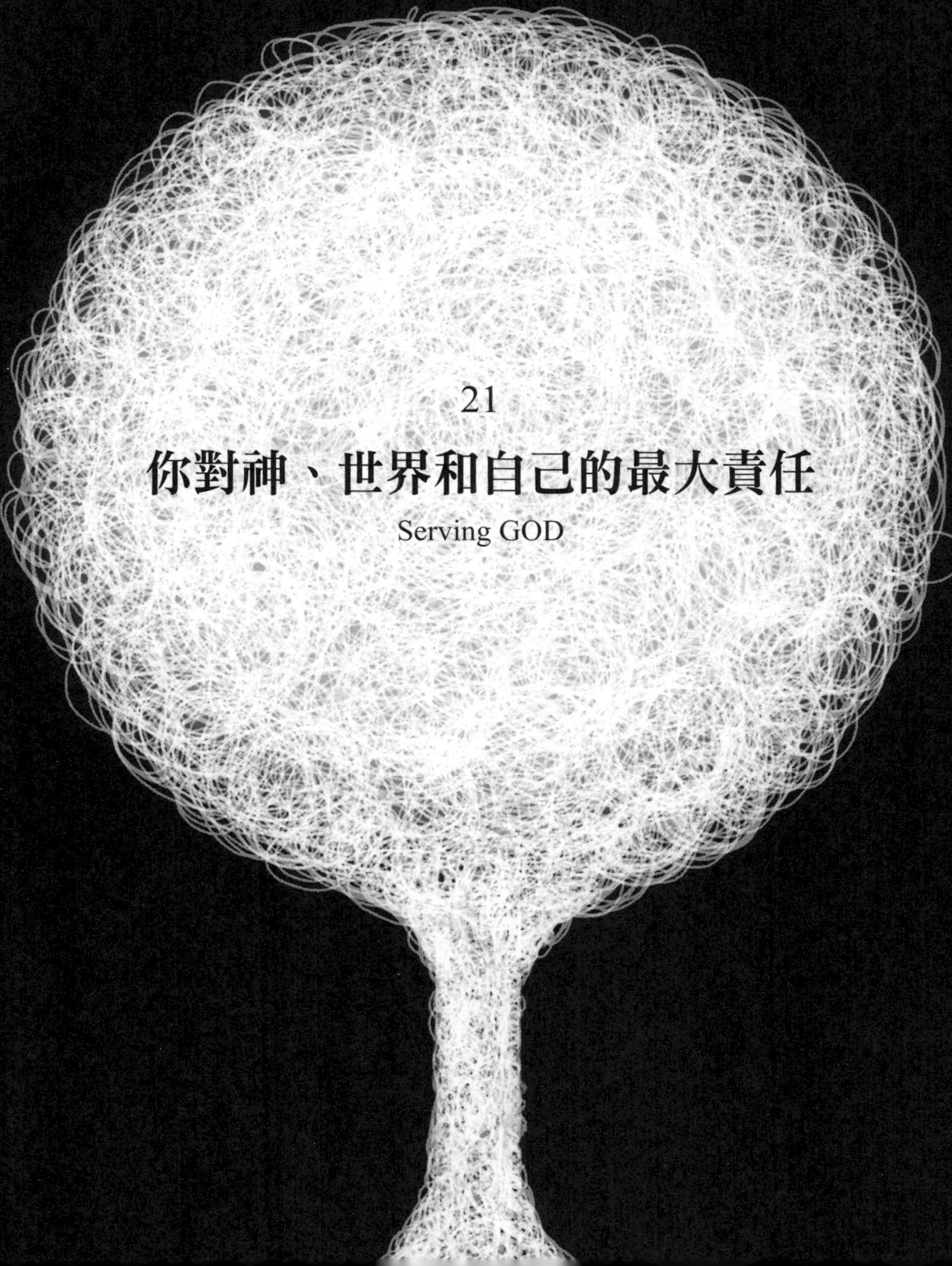

21
你對神、世界和自己的最大責任
Serving GOD

你唯一要做的，
就是好好發揮自己的內在潛能。

在帶領各位讀過前面兩章之後，現在我可以用正確的觀點來探討「責任」了。這個議題讓許多認真的人迷惘而困惑，無法找到真正的解決之道。

當人們想做點什麼來變得更卓越時，常發現自己必須重新安排、調整自己與外界世界的許多關係，比方說：可能需要疏遠某些朋友，也可能被親人誤解，覺得某種程度上被你輕視了。真正卓越的人，經常被別人視為自私，認為彼此有點交情，他應該可以給予他們更多好處才是。

一開始的問題是：我的責任是充分追求自己的成就，而可以不管其他事情？還是等確定不會造成矛盾衝突、讓人有任何損失才這麼做？

這其實是一個**我們要對自己負責**或對別人負責的議題。

＊ ＊ ＊ ＊ ＊

每個人對世界的責任，已經在前面幾章詳細討論過了，現在我要仔細討論對神負責這個觀念。許多人對「該為神做什麼」有不確定感，更別說是焦慮了。

在美國，人們多半是以教會來為神服務，大部分的精力都是用在所謂的服侍神。我建議大家不妨思考一下：什麼是服侍神？如何以最好的方法服侍神？我可以明白地說，傳統對於服侍神的觀念是完全錯誤的。

摩西去埃及將希伯來人自奴役中解放出來時，他以上帝之名對法老提出要求：「讓百姓去，好事奉我。」❶他帶著百姓來到曠野，建立了嶄新的崇拜形式，讓許多人以為崇拜等於為神服務，雖然神在日後已清楚宣示祂不在乎任何儀式、焚燒獻祭或是供品。如果我們能精確掌握耶穌的教誨，就會知道所有有組織的崇拜、儀式都應該要被廢除。人類用他們的手、身體或聲音為神所做的任何事，其實上帝都不缺。聖保羅指出，人類無法為神做事，因為神不需要。

從我們的演化觀點來看，神必須透過人類而化現。經過千百年來的世代更迭，祂的聖靈激勵了人們向上提升。神一直透過人類尋求展現的機會，每一代人都比前一代人更加像神，每一代都比前一代要求更多房屋、愉快的環境、愜意的工作、休閒、旅遊及學習機會。

★　★　★　★　★

我聽過目光淺短的經濟學家說，現代勞工應該知足了，他們的處境比兩百年前跟豬一起睡在沒有窗戶的茅草屋裡、身上只能蓋著茅草的勞工生活要好太多了。人只要擁有日常生活所需的東西就十分滿足，一旦缺少了這些東西，自然無法感到滿足。現代人確實擁有舒適的家與各種物質，當中許多東西在不久之前仍聞所未聞，照理來說，他們過著想要的生活，並擁有所需的一切，應該會感到滿足才對，然而，他們並不滿足，因為神把人類生活提升到這種境界，任何人都能想像比目前更美好、更如意的生活，而無法滿足於現狀。

只要思考並想像更加如意的生活，自然會對目前有所不滿，而這樣的不滿，是神的精神迫使人類追求更好的生活，是神在人類身上尋求展現。「你們立志行事，都是神在你們心裡運行。」❷

你唯一能為神提供的服務，就是透過自己彰顯祂要賦予世界的一切；你唯一能為神服務的就是充分發揮潛能，讓神活在你裡面發揮最大的可能。我在這系列的前一本書《賺錢的科學練習》裡舉例說，有個小男孩站在鋼琴旁邊，他心裡的音樂無法透過未經訓練的雙手表現出來。這是個很好的例子，說明神的精神圍繞在我們的內在與四周，祂想跟我們共創卓越，只要訓練我們的手腳、心智、大腦及身體，就能服侍祂。

你對神、自己及世界的首要責任，就是盡可能在各方面都成為卓越的人。在我看來，這就解決了責任的問題。

★ ★ ★ ★ ★

在結束本章之前，還有幾件事要說明。我在前面的章節中曾經提過機會，我說，一般而言，每個人都有能力成為卓越之人，就像我在《賺錢的科學練習》裡指出的一樣，每個人都有能力致富，不過，這種全面性的說法必須進一步修正。

偏好物質主義的人無法理解這些著作所談論的哲學。許多人忙於生活與工作，無法按照這些原則思考，也無法接收到任何的訊息。因此，透過示範或許會比較有用，也就是說，以你的生活做為範例，做給他們看，這是唯一能夠喚醒他們的方法。

這個世界需要示範多過於教育，面對廣大的群眾，我們的責任就是盡可能成為卓越的人，讓他們可以見賢思齊。為了他們，我們有責任讓自己成為一個卓越的人，進而讓這個世界做好準備，讓下一代有更好的思維條件。

另外，我經常收到人們的來信，表示他們一心想步入世界、有所作為，卻被家庭與依賴他們的人所阻擋，他們若真的離開，將會讓對方受到傷害，因此他們無法丟下這些人不管。通常我會建議他們不必擔心，儘管走出去，儘量發揮自己潛能。如果他們的家庭因此有任何損失，也只是短暫而輕微的損失——因為只要跟隨造物主的引導，你很快就能把依賴你的人照顧得比過去更好。

❶《出埃及記》八章一節。
❷《腓利比書》二章十三節。

本書的重點摘要

▼每個人都是由智慧體所構成的，因此擁有同樣的基本力量與可能性。每個人都有與生俱來的卓越潛能，也都能將之展現出來。每個人都可能成為卓越的人，構成造物主的各種要素，就是構成人的各種要素。

▼運用心靈與生俱來的創造力，人類可以克服遺傳並戰勝外在的環境。想成為卓越的人，必須讓心靈發揮力量，支配自己的身體與心智。

▼人類的知識是有限的，會因無知而犯錯。為了避免如此，必須將心靈與宇宙精神連結起來。宇宙精神是萬事萬物之源的智慧體，存在於萬事萬物當中，並透過萬事萬物來展現。這個宇宙心智無所不知，只要與它結合，就能擁有一切知識。若要做到這點，必須拋棄一切與造物主分離的事物，過著神聖的生活，必須提升至可以抵擋不道德的誘惑，並放棄所有不符最高理想的行為模式。

▼人必須有正確觀點，並且領悟到：造物主就是一切，祂無所不在，世上沒有什麼事是錯的。他必須認知到，自然、社會、政治和經濟在現階段都是完美的，並朝向圓滿完整而發展。每個人不論在何處，都是美好的，他必須了解世上一切都是正確的，並與造物主合一，完成完美的事工。唯有當人們了解造物主是無所不在、卓越進步的存在，是無所不在的善，才能成就真正的卓越。

▼人類必須全心奉獻自己服侍內在至高無上的造物主，也就是服從心靈的聲音。每個人都有內在的光驅使自己不斷地接近造物主。若想成為卓越的人，必須接受內在的光的指引。

▼人類必須了解，他與造物主是合一的，並有意識地為自己及別人承認這點。他必須知道，自己是眾神之一，並做出適當的行為。他必須對自己覺

察真理有充足的信心，並從家庭裡開始發揮影響力。當他從瑣事中發現了真理與正確的行事原則，就必須依照這個原則做事。他必須停止不經思考的行動，開始思考，而且是真誠地思考。

▼人類必須用最高理想來形塑自己的心靈概念（mental conception），並持續保有這樣的念頭，直到它成為自己慣性的念相。他必須不斷密切留意這個念相，以外在行為展現並持續練習。他以卓越的方法做事，與家人、鄰居、熟人及朋友互動時，每個行為都必須展現出理想。

▼擁有正確觀點，全心奉獻，想像自己很卓越，不論多麼瑣碎的行為都能如此，這樣的人已經實現了卓越。他做的每件事都將以卓越的方法完成，大家都會知道他，公認他是個有能力的人。他將能從靈感中得到知識，了解一切必須了解的事，獲得在其思維當中想像的所有物質，絕不會缺乏任何

美好的事物。他將擁有處理任何複雜情境的能力，他將得到持續且快速的成長與進步。重責大任會自行找上他，要求他承擔，而所有人都會樂於協助他。

佳句錦集

存在於心靈層面的事，絕對可以身體力行；凡是可以想得到的事，就絕對可以做得到；內心能夠想像的事，就絕對可以實現成真。

人是為了成長而被形塑出來的，所以人必須有所成長。

雖然每個人擁有的可能性、潛能一樣，但當我們順其自然地發展時，是不可能有人會跟另一個人完全相同或相似的……總之，每個人都有自己存在的價值、都是獨一無二的，也都是完美無缺的。

我們平凡的生命中，充滿了許多原本夢想不到的可能性，沒有人是「普通」之人。

每個人都有自己的天賦，等待著展現的時機。

- 能量之源會賦予我們什麼，憑靠我們要求了什麼：若我們只想做無關緊要的小事，它便賦予我們做小事的能力；若我們想成就一番大事業，它便賦予我們做大事所需要的能力。

- 你擁有所有人都擁有的能力，你擁有的精神或心智力量絕不比別人少，你可以成為你想成為的人，也可以成就比你自己想像中更偉大的事。

- 遺傳確實會造成某些影響，我們生來就擁有潛意識上的心智傾向，例如憂鬱、怯懦或脾氣暴躁，然而，這些都是可以克服的。

- 不論你的技能、本領或才能有多麼的微小或平凡，都有可能增進。

- 只要心態正確，也有向上的決心，沒有任何困難能夠阻止成長。

蘊藏在你內在的力量，也存在於周遭的事物裡，當你開始往前邁進時，這些事物會自行安排對你有利的環境。

貧窮無法阻礙我們變得卓越，因為我們是可以擺脫貧窮的。

智慧，是一種察覺出自己最佳目標，並感知達成該目標的最佳手段的能力——這種能力使人知道什麼是該做的事。

一個人擁有足夠的智慧了解什麼是應該做的事、善良到只想做正確的事，並且有足夠的能力和堅強去堅持做對的事，才是真正卓越的人。

智慧取決於知識。一個人若無知，便無法擁有智慧，亦無從得知什麼是應該做的事。相對於造物主來說，人類的知識是有限的，所以智慧也是有限的，除非他能將心智與更廣博的知識做連結，並且透過靈感而從中吸取因自身局限而無法獲得的智慧。

- 理解造物主的心智才能擁有智慧。
- 宇宙智慧存在於萬事萬物之中，並透過萬事萬物而展現出來。
- 人類是會思考的本體，是宇宙本體的一部分。
- 你可以成為你想成為的人，你可以做任何你想做的事，你要什麼就能夠擁有什麼。要實現這些願望，你必須學會跟聖父合一，如此才可能洞察真理，如此你才擁有智慧，知道如何尋找正確目標、實現目標必須使用什麼正確手段，並擁有運用那些手段的能力。

- 真正卓越的人都有一個特質，那就是堅定不移的信念。
- 你必須學會將世界視為一個進化的存在，仍不斷地在發展和成長——這個世界「還未完成」。
- 你應該抱持這樣的觀點：這個世界及存在其中的一切都是完美的——雖然它們尚未完成。
- 你可以努力完成一個尚未完工的社會，而不必去翻修一個日漸墮落腐化的社會；你可以用更良善的心念，懷抱更多希望與精神去努力。
- 世界上的一切都很美好。除了個人的態度之外，世界上沒有什麼會出錯，因此需要改變的，是我們自己的態度。

你必須學習不把世界視為失落而腐化的世界，而是個完美、壯麗，日趨美妙而圓滿、不斷進步的世界；你必須學習不把別人視為失落且受詛咒的人，而是完美並正朝向進步發展的物種。

世界上沒有人是邪惡的，但有偏離正軌的完美好人，他們不必遭受譴責或懲罰，他們需要的只是重返正軌。

我們必須學習這樣看待每個人——不管他們外在多麼不討人喜歡，但他們在其所處的階段都是完美的，他們正日趨完整。

視自己為不斷進步的偉大靈魂。

除了你自己，沒有什麼事能阻擋你向完美前進，然而，如果你的心態與造物主的心態相牴觸，你的前進就會遭到阻礙。除了你自己，沒有什麼需要修正。

如果你對世界的發展悲觀，就不可能對自己的未來充滿希望；假使你認為世界正走向滅亡並逐漸衰微，就不可能覺得自己正在進步。

除非你覺得自己很棒，否則你不可能變成卓越的人。

你的人生成就，包括所處的物質環境，都是被你慣於看待自己的念相所決定的。

你要拋棄嫉妒之心。如此你就可以得到想要的一切，不必嫉妒別人擁有什麼。

- 你要拋棄驕傲與虛榮，別想控制他人或是凌駕於他們之上。
- 除非能克服焦慮、苦惱與恐懼，否則你不可能成為卓越的人。
- 不要對其他人心懷惡意或憎恨，因為這會切斷了你跟宇宙心智的關係。
- 我們接受許多智慧與理性的訓練，卻很少接受服從靈魂的訓練。回歸本心，就能找到純粹、適用於人生每種關係的正確理念。
- 你有許多不適用的想法，卻因為習慣使然，而仍讓它們控制你的生活，停止這一切，拋棄那些不再適用的想法。
- 你是眾神之一，舉止必須得宜。

人類與造物主是一體的，所以，神所擁有的才能、力量及可能性，人類也都有——不是少數特殊的人才有，而是每個人都有。

人類不是全知的，所以可能犯錯或有所過失。為了避免犯錯，我們必須將心智跟全知的造物主做連結，而且是有意識地與造物主合一。

你是初始本體的思考中心。初始本體的思維具有創造的力量，所有的事物，都是由思維所形成的，我們的念相會形塑出具體可見的物相。

如果你渴望一件事物，就在心裡清楚地想像它的模樣，並把這樣的意象緊守於心，直到它成為明確的念相。你渴望成為什麼樣的人，就依此打造一個關於自己的念相，並且盡可能讓它形塑出你所能想像中最完美的理想。

- 不要太在意周遭的忠告或建議，也不要認為別人會比你更了解自己、更知道什麼對你最好。你可以聽聽別人怎麼說，但永遠要有自己的主見。不要讓別人來決定你應該成為怎麼樣的人。

- 對自己誠實，你就不可能欺騙任何人。確認自己想成為怎麼樣的人，運用能夠想像的最高標準去形塑理想，並把這個理想打造成你的念相，視它為一個既定的事實，視它為真實的自己，並深信不疑。

- 當你設定好念相之後，你已在內心成為你想成為的人，接下來，你必須在外在世界表現出你想成為的那個人的樣子。

- 你已在內心成為卓越之人，但在外在世界，你並沒有卓越表現，但你起碼可以用卓越的方法做點平凡小事。

在做任何一件事時，不論它多麼平凡、微小，都要傾注全力，如此一來，你才能在家人、朋友和鄰居面前表現出真正的自我。

當你覺得自己已經明白最正確的做法時，讓信念引導你——即使全世界都反對你。

如果你對任何情況或事件——不論遠近、過去、現在或未來——的真實性有確切感受，請相信你的直覺。

倉促行事與恐懼會立即切斷你與宇宙心智的聯繫，只要你還沒平靜下來，你就得不到任何力量、智慧與想要獲得的資訊。

請記住，沉著與力量是不可分割的。

- 我們每個人都被習慣所支配。你習慣把自己看成什麼樣的人，你就會成為那種人。

- 是習慣——而非偶一為之的想法——決定了你的命運，若是你在日常生活大部分時間裡都覺得自己不好，就算偶而坐下來花幾分鐘確認自己很棒、出類拔萃，恐怕也不會有什麼用。

- 使用禱詞和肯定自己的話來改變思維習慣。

- 形塑你成為現在這個模樣的不是環境或境遇，而是你的慣性思維。

- 缺乏正確的思維，再多的教育、閱讀或學習，都無法讓人卓越，相對的，正確的思維卻能讓人利用少少的學習就變得卓越。

你要閱讀卓越的書籍，思考重大的議題。

行為是思維的第二種形態，性格是思維的具體成果。環境是思維的產物，一切事物都是根據環繞你的思維而匯集與定義。

最重要的步驟，就是探究人際關係的真理，了解應該如何對待別人及別人該如何對待你。

思考正確的個人心態。思考關於人類的價值——人類靈魂的偉大之處與價值。

你不能只是想像將成為卓越的人，此時就該認為自己卓越；你不能只是想像將以卓越的方式行動，現在就要卓越地行事；你不能期待自己在環境改變後會很卓越，在當下就該表現卓越；你不能等到處理大問題時再表現卓越，處理瑣事時就該表現卓越；你不能認為跟更多聰明的人相處才會表現得很卓越，現在就該以卓越的方法與人互動。

- 你發現別人的短處和失敗，並拿他們跟自己的優點和成就比較，就是自誇。一旦陷入自誇，你就不再卓越，而會變得渺小。
- 你必須視自己為眾神之一，而不是劣等生物之中的神。
- 不要干涉別人的習慣與作為，即使他們是你最親近的人。不要用自己認為「正確」的觀念奴役別人。
- 過好卓越的生活，而且不說教，你拯救的靈魂將是過平庸生活且整天說教的人的一千倍。只要你對世界懷抱正確的觀點，別人就會從你的言行中覺察到並受到影響。

- 請把一個人的價值牢印心中，即使是面對一個乞丐或流浪漢，都要心懷體恤與非凡的尊敬。一切都是神，每個人都是完美的，你的舉止態度必須表現得像是神在與眾神的互動。
- 每個偉人絕大部分的人生都是在助人，然而，除了幫助不幸的人們，還有其他的事得做，千萬不要犯了這種致命的錯誤：以為為了他人完全犧牲自己，才能成就卓越。
- 這個世界需要示範多過於教育，面對廣大的群眾，我們的責任就是盡可能成為卓越的人，讓他們可以見賢思齊。